**어차피 죽는다
어떻게 살 것인가**

Original Japanese title: DOUSE SHINU KONOYO WA ASOBI HITO WA MINA
copyright © 2023 Ko Nakata
Original published in Japan in 2023 Jitsugyo no Nihon Sha, Ltd.

Korean Translation Copyright ©2025 by FROMBOOKS
Korean translation rights arranged with Jitsugyo no Nihon Sha, Ltd. through The English Agency (Japan) Ltd. and Duran Kim Agency.

이 책의 한국어판 저작권은 듀란킴 에이전시를 통한 実業之日本社-English Agency와의 독점계약으로 프롬북스에 있습니다. 저작권법에 의하여 한국 내에서 보호를 받는 저작물이므로 무단전재와 무단복제를 금합니다.

어차피
죽는다

어떻게
살 것인가

나카타 고 지음 | 김소영 옮김

프롬북스
frombooks

머리말

 가끔 젊은 사람들과 인생 상담을 할 때면, 그때마다 솔직히 말해서 '다들 별것도 아닌 일로 고민하는군' 하는 생각이 듭니다.
 결국 인간은 죽음이라는 끝으로 인생을 마무리합니다. 그렇게 끙끙 앓아봐야 별수 없다는 건 진리인데, 그걸 알려줘도 이해해주는 사람이 거의 없으니 참 답답하더군요.
 이 세상의 불행은 대부분 누군가 시킨 일을 억지로 할 때 느낍니다. 여기서 '누군가 시킨 일'이란 직접적인 지시뿐만 아니라, 사회의 상식처럼 여겨지는 '인간으로서 당연히 해야 할 도리'까지 포함됩니다.

'회사나 학교에는 몇 시까지 가야 한다.'
'대학을 졸업하면 일을 해야 한다.'
'부모님을 돌봐야 한다.'
'노후를 대비해 돈을 모아야 한다.'

 이 외에도 나열하자면 끝이 없지만, 신앙을 갖지 않은 인간에게 '반드시 해야 할 일'이란 건 존재하지 않습니다. 무엇을 해도 좋고, 아무것도 하지 않아도 괜찮습니다.
 이슬람교도인 저에게는 오로지 신만이 절대적입니다. 신에게만 중점을 두고, 나머지는 될 대로 되라는 입장입니다. 신의 가르침만이 제가 지켜야 할 도리입니다. 하지만 신앙이 없는 사람들은 하고 싶은 일, 할 수 있는 일만 하면 됩니다. 매일 게임을 하고 싶다면 게임을 하면 되고, 아무것도 하기 싫고 멍하니 있고 싶다면 그렇게 해도 아무 상관이 없습니다. 좋아하는 일을 하며 지낸다고 해서 누군가 책임을 물을 이유도 없습니다. 싸늘한 시선을 받는 게 싫다거나 그런 의미 없는 일에 신경 쓸 필요도 없습니다.
 이런 식으로 사람들이 저에게 고민을 묻는다면, 대개는 이렇게 직설적인 대답밖에 할 수 없습니다. 만약 이것만 읽고도 '위로가 됐다', '마음이 편해졌다'라고 느꼈다면, 더 이상 이 책을 읽을 필요가 없습니다. 여기서 책을 덮으세요. 그럭저럭 마음 편하게 살아갈 수 있을 겁니다.

하지만 '그런 말에 어떻게 마음이 편해지겠어?'라고 생각하는 분들도 있겠지요. 그런 분들에게는 이 책의 내용이 당신의 막막한 인생에 조금이나마 도움이 될지도 모릅니다. 그리고 '왠지 사는 게 버겁다' 싶은 독자분들이 이 책에 나온 내용을 실천해보면, 눈앞의 고민에서 어느 정도 해방될 수 있을지도 모르겠습니다.

단, 여기에 나온 것을 전부 다 실천하는 게 어려울 수도 있으니 일단 할 수 있는 일부터 시작해보세요.

이 책은 HOP, STEP, JUMP라는 세 단계로 구성되어 있으며, 각 장의 목적은 다음과 같습니다.

HOP: 과학적으로 볼 때 우주에는 목적도 의미도 평가도 없다는 것을 알자.

STEP: 자유로운 나는 존재하지 않는다는 것을 알자.

JUMP: 우주에는 외부가 있고, '나'란 인간은 그 외부와의 접면이라는 사실을 알자. 그리고 자유로운 나는 존재하지 않는다는 걸 깨닫자.

지금은 이게 무슨 소리인가 싶을 수도 있습니다. 하지만 너무 어렵게 생각하지 말고 일단 첫 번째 강의를 읽어보세요.
 독자 여러분의 눈앞에 놓인 문제가 한낱 먼지처럼 아주 사소한 일에 지나지 않는다는 사실을 깨닫고, 그 삶을 뛰어넘는 세상이 열리길 바랍니다.

차례

머리말　　4

HOP

HOP 1	진심을 다해 놀자	13
HOP 2	인간은 어차피 다 죽는다	19
HOP 3	일을 그만두자	26
HOP 4	게임을 하자 −취생몽사의 미학	30
HOP 5	스승을 찾자	34
HOP 6	출가를 체험하자	40
HOP 7	잠을 자자	44
HOP 8	아이와 놀자	47
HOP 9	친구를 줄이자	52
HOP 10	고기잡이를 나가자	56

STEP

STEP 1	책을 읽자	65
STEP 2	만화를 읽자	71
STEP 3	최애를 갖자	76
STEP 4	진짜 중요한 건 돈 그 자체가 아니다	84
STEP 5	돈 같은 거 다 줘버리자	93
STEP 6	자격증을 따자	97
STEP 7	다시 배울 생각 마라	102
STEP 8	자식을 키워야 할 의무는 없다	107
STEP 9	요리를 하자	113
STEP 10	도시에 살자	118

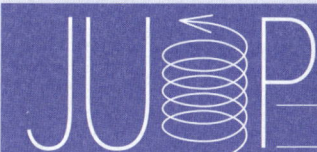

JUMP 1	비교는 금물 ① - 질투와 선망을 구분해라	125
JUMP 2	비교는 금물 ② - 절대로 이루지 못할 꿈을 가져라	131
JUMP 3	개성 따위 필요 없다	136
JUMP 4	바라면 바랄수록 불행해진다	143
JUMP 5	자신은 타인이 결정하는 것	152
JUMP 6	일단 결혼부터 하자	161
JUMP 7	내가 하고 싶은 일, 할 수 있는 일을 하자	170

보강 1	나에게 살아갈 권리는 없다는 사실을 깨닫자	175
보강 2	나라를 믿지 마라	183
보강 3	사회권이라는 말에 속지 마라	193

맺음말 202
주 239

진심을 다해 놀자

인생은 놀이다. 놀이는 진심을 다하지 않으면 즐겁지 않다. 인생 자체가 가장 즐거운 게임이다.

많은 사람들은 일이 즐겁지 않다고 말하지만, 그것은 결국 그 일을 온전히 자신을 위해서 하고 있지 않기 때문이다.

카를 마르크스에게 '소외론'이라는 개념이 있다. 이는 마르크스주의 경제·사회 이론의 핵심인데, 자신의 노동으로부터 소외alienation된다는 사고방식이다. 즉, 자본주의사회에서 노동자는 자신이 생산한 상품이나 서비스와 분리되어, 그것이 자신의 것이 아닌 타인(자본가)의 것이 된다고 마르크스는 지적했다.

오늘날 자본주의 세계에서는 돈이 없으면 살아갈 수 없다고 생각하기 때문에 돈을 벌기 위해 일한다. 돈을 가진 사람은 그 돈으로 사람을 부릴 수 있다. 돈이 주인이고, 인간은 그 노예가 되어 일을 하는 것이다.

이것은 자신을 위한 노동이 아니다. 돈에 지배당해 일하는 것이다. 이것이 바로 '일이 즐겁지 않다'고 느끼는 가장 큰 원인이다.

따라서 '놀이야말로 인생의 목적이다'라는 생각을 가지고, 그 놀이를 진심을 다해 진지하게 즐겨야 한다. 가능하다면 일도 놀이의 하나라고 여겼을 때 더 행복해질 수 있다. 인생 전체를 놀이라고 해석할 수 있다면, 언제든지 즐겁게 살아갈 수 있다.

반대로, '일이 삶의 낙'이라고 여기는 사람은 은퇴 후 그 낙이 사라지면서 삶이 무기력해진다는 이야기를 자주 듣는다. 따라서 일보다는 놀이, 가능하면 인생은 다 놀이로 인식하고 살아가는 것이 행복으로 가는 길이다.

'놀이'라고 하면, 많은 사람은 어린이들이 노는 모습이나 취미 활동을 떠올릴 것이다.

"놀이를 하려고 태어났으니까 시시덕거리려고 태어났으니까
아이들이 뛰노는 소리를 들으니 이 내 몸도 들썩들썩하구려."

이와 같은 노래가 『료진히쇼梁塵秘抄』(헤이안 시대 말기에 유행했던 민요인 '이마요'를 모아 엮은 가요집-옮긴이)에도 등장한다.

어린아이들은 직업도 돈도 없고, 무엇이 즐거운지 왜 친구 사이인지도 모르는 채 그저 정신없이 까르륵 웃고 떠들며 돌아다닌다.

'놀이에 진심을 다하자'라는 말은 온전히 몰입해서 놀자는 뜻이다. 비단 아이들에게만 해당하는 이야기는 아니다. 어른들도 행복해지려면 놀이에 푹 빠져야 한다. 놀이에 진심을 다해 임하면 인생의 질을 향상시킬 수 있다. 그러면 놀이가 어른에게 가져다주는 의의나 가치에 대해 좀 더 자세히 해설해보겠다.

놀이의 목적은 놀이

놀이는 즐기는 것, 혹은 자유로이 시간을 보내는 것 등 여러 가지로 정의 내릴 수 있지만, 일반적으로는 목적이나 목표 의식 없이 즐기는 활동으로 볼 수 있다. 놀이를 통해 스트레스를 해소하거나 재충전을 할 수 있으며, 나아가 자기 성장이나 인간관계의 심화, 새로운 발견이나 영감을 얻을 수도 있다.

놀이를 어떠한 도움을 주기 위해, 혹은 특정 목적을 달성하기 위한 수단으로 삼아서는 안 된다는 점을 명심해야 한다. 그렇게 되면 돈을 벌기 위해 일하는 것과 다를 바 없기 때문이다. 아이가 순수한 마음으로 그저 즐거워서 노는 것처럼 다른 목적 없이 마냥 즐거워서 놀게 되면, 자본주의가 만들어낸 노동의 소외 속에서 잊고 있던, 돈이 목적이 아닌 노동 자체가 즐거워서 일을 한다는 본래의 즐거움을 떠올리기 위해 놀이에 진심을 다한다는 것이다.

일에 도움이 되기 위해, 자기실현을 이루기 위해, 인간관계를 넓혀 연줄을 만들기 위해, 스트레스를 해소하기 위해……. 이렇게 목적을 갖고 놀기 시작하면 놀이의 즐거움을 잃어버리게 된다.

놀이는 그저 놀이일 뿐이라는 건 아이들도 잘 안다. 엄마놀이를 할 때 흙으로 빚은 덩어리는 먹지 못한다는 사실, 엄마 역할을 맡은 아이가 진짜 엄마가 아니라는 사실을 아이들은 알고 있다. 술래잡기에서 술래는 진짜 술래가 아니기 때문에 잡힌다고 해서 무슨 큰일이 벌어지는 것은 아니다.

놀이는 놀이일 뿐이다. 마음속 깊은 곳에서 그것이 진짜가 아닌 가짜임을 알기에 마음 놓고 즐길 수 있는 것이다. 그런데 '고작 놀이일 뿐인데'라는 생각이 들기 시작하면, 그 순간 흥은 깨지고 모든 즐거움은 말짱 꽝이 되어버린다. 놀이는 실제 인생이 아니기에 마음껏 몰입해서 즐길 수 있지만, 놀이이기에 진심을 쏟지 않으면 그 기쁨은 물거품처럼 사라져버리고 마는 것이다.

그것을 제대로 이해하지 못하면, 놀이는 인간을 소외감에서 해방하기는커녕 더 심각한 소외로 몰아넣는다. 도박이 그렇다. 도박은 실제 돈이 걸려 있기 때문에 더 이상 놀이가 아니다. 즐거움을 배우고자 하는 순수한 자기 목적의 놀이가, 돈을 얻기 위한 수단으로 전락해버린 것이다. 게다가 요행으로 큰돈을 얻으려는 사행성까지 더해지면서, 자본주의 속에서 돈의 노예가 된 사람은 점점 큰돈에 눈이 멀어 돈벌레가 되고 만다.

하지만 정말 중요한 것은 이 세상의 인생 자체가 놀이라는 사실을 깨닫는 것이다. 코로나 시대에 우리는 그전까지 중요하다고 여겼던 학교와 직장이 막상 직접 가지 않아도 별문제가 없다는 사실을 경험했다. 그리고 그보다 더 중요한 것은, 어떻게 살든 인간은 결국 죽음에 이른다는 것, 누가 죽는다고 해서 인류가 멸망하는 것도 아니거니와 세상에 반드시 필요한 인간은 아무도 없다는 깨달음이다.

그렇다. 놀이가 사실은 크게 중요하지 않은 일이기에 마음 편히 즐길 수 있었던 것처럼, 우리 인생도 대수롭지 않은 일, 죽을 때까지 시간 때우기라는 사실을 깨닫게 되면 마음 편히 즐길 수 있을 것이다. 하지만 놀이는 진심을 다해 놀지 않으면 즐길 수 없다. 이 세상의 삶은 찰나이고 순간적인 것이라 할지라도, '그걸 말해버린 순간 끝'이다. 놀이에는 여러 가지가 있고, 취향도 제각각이다. 누구나 자신이 즐겁다고 생각하는 놀이를 하면 된다. 남이 억지로 떠넘긴 놀이는 진정한 놀이가 아니기 때문이다. 이 세상의 놀이는 잘하지 못해도 어차피 죽으면 똑같다. 이기든 지든 결국엔 다 평등하게 죽고 끝난다. 그러니 편하게 즐기면 된다.

『코란』에는 이런 말이 적혀 있다.

"이번 생은 그저 놀이요, 장난이다. 진정한 삶은 다음 생에 찾아온다. 만약 그들이 이 사실을 알고 있다면."(29장 64절)

그래서 만약 놀이일 뿐인 이 세상의 인생 저편에 진정으로 삶을 바쳐 추구할 가치가 있는 무언가를 발견할 수 있다면, 그보다 더한 축복은 없을 것이다.

인간은 어차피 다 죽는다

인생은 놀이일 뿐이라고 말했지만, 제아무리 진심을 다해 즐겁게 임한다 해도 인간은 어차피 죽는다. 그러니 끙끙 고민해봤자 아무런 소용이 없다.

여기서 이렇게 결론을 내리면 더 이상 쓸 게 아무것도 없어지는데, 그래서야 책 한 권이 완성되지 않으니 계속 이어가 보겠다.

살아도 좋고 죽어도 좋다

사람들은 대개 '반드시 살아야 한다', '죽으면 안 된다'라고 생각하지만, 그건 틀린 말이다.

인간은 결국 죽음으로 끝을 맺는다. 아무리 발버둥을 쳐도 마지막에는 결국 죽을 텐데, '죽으면 안 된다'라는 말 자체가 애초부터 잘못됐다.

자살 시도를 막아낸 사람을 칭찬하는 뉴스도 종종 보이는데, 그것도 틀렸다. 죽고 싶다면 죽어도 된다. SNS가 등장하면서 실제로는 본 적도 없는 완벽한 타인의 반짝이는 일상이 보고 싶지 않아도 눈에 들어오고, 작은 말실수 하나로 논란에 휘말리며, 하루 종일 쏟아지는 메시지에 재깍재깍 답해야 한다는 강박관념에 시달리면서 '사는 게 참 힘들다'고 느끼는 사람이 점점 늘어나는 모양이다. 그렇다면, '그럼 죽자'라는 선택도 괜찮은 것이다.

"죽으면 안 돼, 살아야 돼"라고 말하는 사람은, 단지 자신이 그렇게 믿기 때문에 남들도 똑같이 믿길 바라는 것이다. 결국 '사는 것에 가치가 있다'라는 자신의 가치관을 지키고 싶은 것뿐이다.

그래도 당신은 이 책을 펼쳤으니, 지금 이 순간만큼은 살아 있다는 뜻이다. 그렇다면 왜 살아 있을까? 이유는 단순하다. 살고 싶으니까 살고 있을 뿐이다. 마음속으로는 죽고 싶다는 생각이 굴뚝같아도, 심장과 폐 같은 생물의 장기는 주인의 의지와 상관없이 뛴다. 인간은 자신의 세포를 마음대로 움직이지 못하며, 심장도 폐도 뇌도 스스로 조종할 수 없다. 그럼에도 그렇게 죽고 싶다면, 자유롭게 움직일 수 있는 손발을 사용해서 그 생명 활동을 스스로 멈출 수도 있다. 하지만 그렇게 하지 않는 이유는 단 하나, 살아 있고 싶기 때문이다.

누군가 고민을 털어놓는다. "죽고 싶다"라고 입으로는 말하지만, 사실 마음속으로는 '이렇게 살아 있는 한 더 살고 싶다'거나 '최소한 죽고 싶은 이유가 사라지면 다시 살고 싶다'라고 생각할 것이다. 그렇다면 가장 먼저 해야 할 일은 그들의 이야기를 조용히 들어주고, 그들이 다시 삶을 살고 싶어지도록 말이나 행동을 건네줄 수 있으면 그렇게 하는 것도 좋을 것이다.

하지만 아무런 도움도 줄 수 없으면서 "죽으면 안 돼"라거나 "슬퍼할 사람들을 생각해야지"라며 위로랍시고 건네는 말은 저주나 다름없다. 정말로 비참하기 짝이 없고 구제할 여지도 없는 인생 속에서 진심으로 죽고 싶은 마음만 가득한 사람에게 "죽으면 안 돼"라는 말을 했다고 하자. 그 사람이 지옥보다 더 괴로운 삶을 살아가다 결국 고통 속에 죽게 되더라도, 그 말을 건넨 사람은 자화자찬하며 자기만족에 빠질 뿐 아무런 책임도 져주지 않는다.

일시적으로 생각을 고쳐먹고 살아갈 마음이 들었다 해도, 결국엔 다시 죽음을 맞이하게 된다. 그때 "죽으면 안 돼", "슬퍼할 사람들을 생각해야지" 같은 말은 저주로 남는다. 죽음이 결코 해서는 안 될 나쁜 일이라면, 모든 인간은 죽는 순간 자신이 나쁜 짓을 저질렀고, 나쁜 사람이라는 생각을 품은 채 떠나야 할 것이다.

그럴 바엔 죽고 싶어서 죽는 편이 차라리 더 낫지 않을까

조금 다른 얘기지만, 이 글을 쓰고 있는 나는 현재 63세이며, 동급생들 대부분은 아직 살아 있다. 하지만 지난 3년쯤 사이에 세 명이 세상을 떠났다.

그중 한 명은 1년쯤 전에 정말 갑작스럽게 갔는데, 섬에서 바다거북을 보겠다며 잠수했다가 심장마비를 일으키고 그대로 돌아오지 못했다. 같은 시기에 국제정치학자 나카야마 도시히로 선생이 뇌출혈로 별세했다. 나카야마 선생은 나보다 조금 어린 55세였다.

자신보다 더 많은 복을 타고난 듯 보이는 사람을 보면 '부럽다'는 감정이 들기 마련이지만, 어제까지만 해도 멀쩡히 활약하던 사람이 갑자기 세상을 떠나기도 한다. 그렇게 생각해보면, 살아 있다는 것이 얼마나 큰 행복한지 더 와닿지 않을까?

놀면서 살다가, 얼렁뚱땅 죽는 게 가장 좋다.

'사람은 어차피 다 죽는다'라는 말에서 억지로 인생의 교훈을 끄집어내려 하면 안 된다. 인간은 이 세상에 살 의미도, 죽을 의미도 없다. 그리고 살 가치가 없듯이, 죽어야만 할 이유도 없다. 살고 싶으면 살면 되고, 죽고 싶으면 죽으면 된다. 어차피 죽을 거라면, 차라리 죽고 싶어서 죽는 게 더 편해 보인다. 뭐, 어느 쪽이든 무의미하다는 사실은 변함없지만 말이다.

이를테면, 일상에서 사소한 기쁨이나 행복을 찾아내려는 노력도 그렇다. 죽음을 받아들이면 자신의 인생이 더 애틋하게 느껴지고 주변 사람들과의 인연과 애정을 더욱 소중히 여기게 된다. 그러면 가족이나 친구, 동반자 등 소중한 이들과 보내는 시간이 한층 귀하게 느껴지며, 서로 돕고 의지하는 것이 얼마나 중요한지 실감하게 된다. 그렇게 해서 인간관계는 더 탄탄해진다. 때로는 자연과의 공생을 중시하며 인생을 더 알차게 만들기도 한다. 하지만 그렇게 살아도 결국은 죽는다. 죽음이 가까워지면, '다 부질없는 일이었어'라며 허무함이 밀려오거나, 친하게 지내던 사람들과 헤어져야 한다는 사실 앞에서 미련이 남은 채 마음만 아픈 결말을 맞이하게 될 뿐이다.

어차피 죽을 텐데 그렇다면 어떻게 살아야 할까

'사람은 어차피 다 죽는다'고 생각하면 좌절을 극복하려는 용기가 생긴다. 어떤 난처한 상황에서도 결국 죽는다는 현실을 생각하면 그 상황이 극복할 수 없는 것이 아니라는 사실을 깨닫게 된다. 그래서 온갖 시련에 대해 긍정적인 태도를 가질 수 있다. 뭐 이런 식으로 말하는 사람이 있을 수도 있는데, 그건 그냥 말장난이다. 아무리 역경을 헤쳐나가도 결국에는 죽을 텐데, 굳이 사서 고통 받을 필요는 없다.

또한 자신의 인생에 끝이 있다는 사실을 의식하면, 스스로 이루고 싶은 일이나 달성하고 싶은 목표를 향해 더 적극적으로 임하며 자기 자신을 발전시켜 인생의 성취감이나 만족감을 얻을 수 있다고 말하는 사람도 있을 수 있지만, 그 역시 이상한 이야기다. 무엇을 이루든, 어떤 목표를 달성하든 결국 죽으면 전부 사라진다. 무엇을 한다 해도 그 순간만큼은 즐겁다면 딱히 뭐라고 할 생각은 없지만, 어차피 사라질 것을 마치 무슨 의미가 있는 것처럼 거짓말을 하며 부추기는 것은 사기라고까지는 하지 않겠지만 괜한 오지랖에 지나지 않는다.

사람은 어차피 다 죽는다. 그러니까 어떤 상황이든 어떤 선택을 하든 인생은 자신의 손으로 직접 만들어내는 것이라고, 죽음을 받아들이고 인생을 소중히 여기며 살면 자신이 주인공인 인생을 만들어낼 수 있다고, '사람은 어차피 다 죽는다'라는 사실을 에너지원으로 삼아 최고의 인생을 만들자고 말하는 사람의 말에 귀를 기울일 필요는 없다.

인생은 자신의 것이 아닐뿐더러 자신이 만들어낸 것도 아니다. 사람은 모르는 새에 태어나, 자신의 의지와는 무관하게 죽을 뿐이다. 인생이 자신의 것이며 스스로 만들어가는 것이라고 믿는다면, 그 끝마저 스스로 선택할 수밖에 없다. 요즘 유행을 따르자면, 아예 '인스타 감성'으로 죽는 방법을 연출해서 올리는 것이 가장 그럴듯한 삶과 죽음의 방식처럼 보인다.

일을 그만두자

"하고 싶지도 않은 일을 계속하는 이유가 뭐야?"

만약 이런 질문을 받는다면, 대부분의 사람은 이렇게 대답할 것이다.

"먹고 살아야 하니까."

먹고 살려면 어쩔 수 없다. 그래서 사람들은 매일 아침 일찍 일어나 덜컹거리는 만원 전철에 몸을 싣고 직장으로 향한다.

하지만 오늘날 우리 사회에서 고작 직장이 없다는 이유만으로 쉽사리 죽지 않는다. 어디에든 먹을 것이 굴러다닌다. 생선이나 쥐를 잡아 생살을 덥석 베어 먹거나, 풀을 뜯어 먹어야 할 정도는 아니다. 편의점 진열대에는 조리된 음식들이 넘쳐나 실컷 먹을 수 있다. 마음껏 먹고 나면 유치장이나 감옥에 넣어줄 테니 비를 피할 수 있는 곳에서 영양 만점의 식사를 공짜로 얻어먹을 수 있다. 이렇게만 반복하면, 평생을 안정적으로 살아갈 수도 있다.

정말로 먹을 것이 없는 곳에서 음식을 훔쳐 먹었다가는, 주민들에게 붙잡혀 린치를 당해 맞아 죽을 수도 있다. 일하지 않고 남의 음식을 빼앗는 도둑놈을 살려두면, 정작 빼앗긴 사람이 굶어 죽기 때문이다. 일하지 않으면 먹고살 수 없다는 것이란 바로 그런 의미다.

국가가 쌓아둔 것이 있어서 길거리에 굶어 죽은 사람들이 널브러지는 사태까지는 이르지 않는다. 생활보호 제도도 있어 굳이 도둑질할 필요도 없다. 일을 그만둔다고 해서 생존이 불가능한 것도 아니다.

그러니 정말 일이 죽도록 싫다면 한번 그만둬보자. 감옥에 들어가거나 생활보호를 받는 것이 일이 인간관계에서 오는 스트레스보다 더 힘들다고 말한다면, 그 스트레스는 애교 수준이라는 뜻이다. 둘 중 더 좋은 걸 선택하면 된다.

고민하다 자기계발 세미나에 돈을 쓰는 바보

　일이 싫어서 그만둘까 고민하는 사람들 중에는 자기계발 세미나나 이직 사이트에 등록하는 경우가 있다. 그러면 거기서 대개는 이런 말을 듣는다.

　"일을 그만두셨다니 정말 큰 결심을 하셨네요. 그러면 이 선택이 생활과 인간관계, 그리고 당신에게 어떤 영향을 미칠지 신중하게 고민해봐야겠어요. 그렇지만 일을 그만뒀을 때 나타날 새로운 기회와 인생의 가능성도 같이 고려해봐야겠지요?"

　혹은,

　"신중하게 고민하시고 퇴사를 결심하셨다면, 그게 인생에 새로운 가능성이나 여유로움을 가져다줄 수도 있어요. 가치관과 목표를 다시 정립해서 새 인생을 개척할 용기를 가지셔야죠. 이후의 삶과 인간관계를 다시 생각하고 자기계발 계획을 잘 세우면 퇴사 후에도 의미 있는 삶이 기다릴 거예요."

　거의 이런 식이다.

　전부 이랬다저랬다 말 바꾸기 식의, 끼워 맞추기 같은 쓸데없는 이야기뿐이다. 애초에 이런 일로 고민하다가 자기계발서를 집어 든 시점에서, 이직을 해봤자 실패는 불 보듯 뻔하다.

　현대 자본주의사회에서 '자기실현'이나 '나다운 삶'을 추구한다며 이직을 꿈꾸는 사람들 중 99%는 결국 편하게 돈을 벌고 싶은, 분수를 모르는 사람들이다. 자본주의사회에서 '편하게 돈 버는 일'이란 대개 자신보다 못한 사람을 듣기 좋은 말로 구슬려서 기분 좋게 만들어 돈을 뜯어내는 일이다.

그리고 일이 잘 풀리지 않아 답답한 마음에 자기계발서를 집어 든 사람은 남을 속이는 쪽이 아니라, 오히려 사기꾼에게 당해 돈을 빼앗기는 쪽이다. 이직을 해봤자 특별한 스킬도 없이 새 직장에서 동료들에게 밀리고 거래처에서는 봉으로 찍혀 결국 나이만 먹은 채 자신의 시장 가치는 떨어지고, 이전보다 조건이 나쁜 직장으로 다시 이직을 하는 내리막길이 눈에 보인다.

이런 책을 읽는 사람들에게는 괜히 이직을 고민하지 말고, 지금까지 해온 대로 죽이지도 살리지도 못하는 회사의 노예가 되어 시키는 대로 사는 게 차라리 낫다는 말밖에 할 수가 없다. 그런데도 끝끝내 들은 체도 하지 않고 꼭 해야 할 일이 있다며 이직을 결심했다면, 모아둔 돈이나 퇴직금, 부업, 새로운 일의 전망 등 그 후의 생활 설계나 수입 확보는 전혀 고려하지 말고, 한 번뿐인 인생 마음 내키는 대로 살아보면 된다. 물론 실패하고 나서 땅을 치며 후회할 가능성이 크겠지만, 애초에 말했듯 현대사회에서 아무리 실패해도 죽을 일은 없으니 말이다.

게임을 하자
- 취생몽사의 미학

흔히 "자신의 머리로 생각하라"라고들 말한다. 누군가에게 답을 묻지 말고 스스로 고민해보라는 의미일 것이다. 하지만 아무리 머리를 굴려본들 바보에게서 과연 좋은 생각이 나올 수 있을까?

그럴 바엔 차라리 집에 틀어박혀 게임이나 하는 게 낫다. 사회에 민폐를 끼칠 일도 없고, 무엇보다 즐겁기까지 하다. 게다가 게임은 중독성이 있어서 시간도 잘 간다. 인생이란 어차피 죽을 때까지 시간 때우기나 하는 건데, 그때그때 즐겁게 살면 그걸로 충분하다.

사실 약을 권할 수도 있지만, 그건 문제가 될 수 있으니 약 대신 게임 같은 중독성 있는 활동을 하는 게 나을 거다. '취생몽사 醉生夢死'라는 말이 있다. '아무것도 하지 않은 채 허무하게 평생을 보내는 것. 살아 있다는 의미를 자각하지 못하고 멍하니 무의미하게 시간을 보내는 삶'을 뜻한다. 특별한 재능이 없는 평범한 사람들은 누구나 놀 수 있도록 만들어져 있는 게임에 중독되어 시간 가는 줄 모르고 놀다가, 열사병 같은 것에 걸려 갑작스레 죽음에 이르는 그런 취생몽사의 죽음이 가장 좋을 수도 있다.

일을 하려고 게임 시간을 쪼개는 바보

게임은 현대사회에서 많은 사람이 즐기는 오락 중 하나다. 장르와 플랫폼이 다양하게 존재하기 때문에 아이부터 어른까지 폭넓은 연령층이 확실히 즐길 수 있다. 근래에는 e스포츠가 주목을 받으면서 프로게이머나 대회가 증가하는 추세이고, 경기를 통해 지위를 쌓을 수도 있다. 또한, 교육이나 의료 현장에서도 게임을 활용하여 다양한 시도가 이루어지면서 그 가능성이 확장되고 있다. 온라인 게임에서는 협력 플레이를 통해 다른 플레이어와 한마음으로 목표를 달성하는 기쁨이나 협동의 중요성을 배우기도 하고, 퍼즐이나 추리 게임을 통해 논리적 사고력과 문제

해결 능력을 기를 수 있으며, 언어 학습에 유용한 게임도 있다. 또한 역사를 게임으로 즐기면서 지식을 습득하는 등 게임의 다양한 효용성을 나열할 수 있다.

그러나 과도한 게임 플레이는 수면 부족, 운동 부족, 눈의 피로 등 신체적 문제를 유발할 수 있으며, 가족이나 친구와의 관계 악화, 학업이나 업무에 미치는 부정적 영향 등 여러 단점도 존재한다. 이에 따라, 적절한 균형을 유지하며 게임을 즐기는 것이 중요하다는 주장이 최근에 강조되고 있다.

하지만 근본적으로 잘못됐다. 애초에 자본주의사회에서 소외되어 어쩔 수 없이 밥벌이하는 인생이라면 아무래도 좋다. 어차피 죽을 때까지 찰나의 시간을 살기 위해, 그저 먹기 위해 대충 일하는 시늉만 하면 된다. 중요한 것은 게임이 즐겁다는 사실, 그리고 그 시간을 위해 일을 한다는 사실이다. 일할 시간을 벌기 위해 게임 시간을 쪼개다니, 주객이 전도된 셈이다.

아는 사람 중에 도쿄대 이공학부를 졸업해서 취직한 사람이 있다. 그런데 게임할 시간이 없다는 이유로 회사를 때려치우고 니트족이 되어, 영양 드링크만 마시며 사흘 밤낮을 게임에 몰두한 결과, 갑자기 빛이 번쩍이더니 의식을 잃고 쓰러졌다. 그 사람은 다행인지 불행인지 살아남아 여전히 똑같은 생활을 이어가고 있다는데, 만약 그대로 빛에 둘러싸인 채 생을 마감했다면 그것이야말로 최고의 삶과 죽음의 방식 아니었을까.

첫 번째 꼭지에서도 말했듯이 놀이는 진심을 다해 놀아야 아무 생각 없이 즐길 수 있고, 거기서 정점을 찍으면 이 세상의 저편에서 빛이 쏟아져 들어올 때도 있다.

옛날 TV 프로그램 〈사랑의 전사 레인보우맨〉(1972~1973년)에는 "인도의 산속에서 수행하노라면 데바닷타의 혼이 깃들리라~"라는 노래가 나온다. 그런데 현대에는 파키스탄의 깊은 산속, 이슬람교도인 승려 밑에서 게이머들이 가혹한 수행을 하는 시대다. 현대사회에서 수행의 길이란 어쩌면 컴퓨터 게임일지도 모른다.

스승을 찾자

 나는 "스승을 찾아라"라는 말을 자주 한다. 바보가 스스로 머리를 굴려 생각해봤자 좋은 결과를 낼 만한 아이디어가 떠오를 리 없으니, 차라리 주변 사람들이 하는 일을 그대로 따라 하는 것이 낫다는 전제가 깔려 있다. 그리고 이 생각 자체도 사상가 우치다 다쓰루 선생의 『스승은 위대하다』(지쿠마쇼보, 2005년)에서 따온 것이다.

내 일은 내가 스스로 결정하지 않는다

현대는 물질적으로 매우 복 받은 시대다. 편의점도 있고 스마트폰도 있다. 시간 때우기에 좋은 무료 게임이 수도 없이 많고, 인터넷을 통해 방대한 정보에 접근할 수 있다. 내 젊은 시절과 비교하면, 지금의 청년들이 훨씬 더 풍족한 환경에서 살고 있다는 건 의심의 여지가 없다. 이 청년들이 그 시대로 돌아간다면, '어떻게 이런 시대에 살았지?'라며 혀를 내두르지 않을까.

'흰 쌀밥을 먹을 수 있어 얼마나 감사한지 몰라요'라고 할 정도는 아니었지만, 예를 들어 초밥은 특별한 경사가 났을 때 차리는 음식이었다. 지금처럼 덥지는 않았다고 하지만, 에어컨(정확히 말하자면 당시에는 '쿨러')이 없는 건 아무것도 아니었다. 스마트폰도 당연히 존재하지 않았다. 하지만 지금은 초밥쯤이야 편의점에서도 누구나 쉽게 살 수 있고, 대부분의 학교에 에어컨이 완비되어 있다.

게다가 당시에는 인권이라는 개념조차 좌익 운동가들만이 부르짖으며 겉으로만 내세우는 슬로건이었다. 스스로 살아 있을 가치가 있다거나, 복지 서비스를 받을 권리가 있다는 생각조차 하지 않았다.

그런데 요즘 사람들은 "너는 더 잘할 수 있어"라거나 "더 벌 수 있어" 같은 자기계발적인 말에 감화되어 이상해졌다. 그런 노력 없이도, 주변 사람들을 적당히 따라 하기만 하면 그럭저럭 즐겁게 살 수 있는데 말이다.

주변 사람들을 흉내 내는 것보다 더 좋은 방법은, '이 사람이 하는 말은 왠지 믿음이 가'라고 느낄 수 있는 스승을 찾는 것이다. 그가 하는 말이라면 무엇이든지 지키고, 그 대신 보살핌을 받는 것이다. 어린 시절에는 부모님, 학교에서 서열이 높은 사람들, 모임의 리더 등이 그런 존재가 될 수 있다. 사회로 나가면 회사 선배나 상사, 즉 대장이나 형님 같은 사람들이 그 자리를 대신한다. 이렇게 본보기로 삼을 만한 사람이 가까이에 있으면, 큰 탈 없이 살아갈 수 있다.

"내 일은 내가 정한다"라고 말하는 사람일수록 위험하다. 왜냐하면 이들은 '자기 결정'이나 '자기 책임'이라는 이데올로기에 세뇌되어, 그 슬로건을 앵무새처럼 반복할 뿐이기 때문이다. 그것도 모르고 자본의 논리에 놀아나며 조종당하는 것을 스스로 생각해서 결정한다고 착각하는 가엾은 멍청이다. 그래서 자신의 일을 스스로 결정해야 한다고 믿고 있는 사람일수록, 본인보다 더 우수한 사람을 찾아 그 가르침을 따르는 것이 좋다.

스승을 찾는 법

이제 '본인보다 더 우수한 사람을 어떻게 찾아내느냐'가 중요한데, 이게 꽤 어렵다. 그래서 늘 '내가 누구를 따르면 될까'를 고민하는 습관을 들이는 것이 중요하다. '꿈을 가져야지'라는 생각은 버리고, 자신보다 더 똑똑한 사람을 알아보는 눈을 기르는 것이다. 한번 정했으면 머뭇거리지 말고 그 사람을 따라 살아가는 것이 가장 좋다. 우수하거나 똑똑한 것으로 판단하는 기준을 하나 마련한다면, 그것은 바로 '결과'다. 학교를 졸업했다거나 일에서 성공했다거나, 자신보다 뛰어난 결과를 낸 사람을 따라가는 것이다. 그 사람이 하는 말보다 자신의 생각이 더 옳다는 생각이 들 때야말로, 그 사람의 말을 더 따라야 한다는 것이 중요하다. 그렇게 살면 비록 가끔은 실제로 자신의 생각이 옳다는 게 나중에 밝혀진다고 하더라도, 장기적으로 보면 틀린 것까지 포함해서 스승의 가르침을 그대로 따라 사는 것이 옳았다는 사실을 깨닫는 날이 분명 올 것이다.

스승을 찾으라고 하면, 요즘 사람들은 곧장 AI에게 묻거나 하겠지만, 그건 사실 대부분 도움이 되지 않는다. 그런 곳에서는 스승과 만나려면 자신이 무엇을 배우고 싶은지, 어떤 분야에서 성장하고 싶은지를 명확히 이해하라고 한다. 그러려면 자기 분석을 하라는 둥, 관심 있는 분야의 세미나나 워크숍에 참가하라는 둥, 책과 인터넷에서 정보를 수집하라는 둥, 얼핏 보면 그럴싸한 말들을 하는데, 근본적으로 잘못된 접근이다. 내가 말하는 스승이란 가벼운 노하우를 효율적으로 몸에 익히는 방법을 가르쳐주는 세미나 강사가 아니다. 내가 말하는 스승이란 자신이 무엇을 하고 싶은지 모르겠고, 무엇이 소중한지조차 모르는 상황에서 살아가는 지침을 제시해줄 수 있는 사람이다.

그래서 스승은 반드시 가방끈이 길거나 재능 있는 예술가, 명인의 기술을 가진 장인일 필요는 없다. 스승이라기보다는 대장이나 형님이라고 부르는 것이 더 어울릴 만한 사람일지도 모르겠다. 지위도 신분도 학력도 없고 무일푼일지라도, 이를테면 솔직한 사람, 다정한 사람, 아량이 넓은 사람, 의협심이 풍부한 사람, 의리 있는 사람 등 누구나 상관없다. 싸움을 잘하는 사람도 좋고, 약삭빠르거나 까다로운 사람이어도 상관없다.

정말 다양한 인간들이 있다. 스킬을 갈고닦아 꾸준히 성장하려는 엔지니어나 창업가(앙트러프러너 Entrepreneur)처럼 자기 관리의 달인들만 있는 것은 아니다. 니트족이든 소매치기든 반사회적 인물이든 특수 사기 수거책이든, 행복하게 살아가려면 스승이 있는 게 좋다는 사실은 변함이 없다.

각 업계에서 자기 관리가 철저한 사람들을 자신의 롤모델로 삼아 배우는 것도 물론 괜찮지만, 그렇지 않고 아무 생각 없이 멍하니 시키는 대로 사는 삶이라도 죽을 때까지 그럭저럭 무난하게 살 수 있다면, 그 또한 전혀 문제가 되지 않는다.

아랍에는 "스승을 갖지 않은 자에게는 악마가 스승이다"라는 말이 있다. 해석하기 나름이겠지만, 나는 설령 부족한 스승이라 할지라도 누군가에게 순종할 줄 아는 평범한 사람이 혼자서 모든 것을 해낼 수 있다고 믿는 건방진 증상만(불교 용어로 깨달음을 얻지 못했음에도 마치 얻은 것처럼 우쭐대는 행위나 그런 사람을 뜻함-옮긴이)보다 더 낫다는 의미라고 생각한다.

출가를 체험하자

 현대인은 어쨌든 힘겹게 살아가고 있다. 특히 젊은 세대는 넘쳐나는 정보에 휘둘리면서 부족한 머리로 괜히 고민하다 보니 더 괴로워 보인다.

 그런 사람은 '자신에게 가치가 없다는 사실을 깨닫는 지점'으로 내려가 보자. 원래 인간에게 가치라는 건 존재하지 않지만, 그것을 자각하는 것이 중요하다. 그리고 그 수단 중 하나가 출가 체험이다.

 정식으로 출가를 하면 지금까지 해왔던 생활뿐만 아니라 가족이나 친구 같은 세속적인 관계도 수행에 방해가 되니 모두 버려야 하지만, '체험'이니까 일시적으로 한번 버려보는 것이다.

태국처럼 전통 깊은 (상좌부) 불교 국가에서는 성인 남자가 평생 한 번은 출가를 하여, 부모님께 받은 은혜에 감사하고 행복을 비는 출가 체험 제도가 있다. 일반적으로는 3개월 정도 출가를 하는데, 짧게는 일주일 만에 끝내는 사람도 있다.

 물론 모든 것을 다 버려도 전혀 상관은 없지만, 실행하려면 상당한 각오가 필요하다. 그러므로 일단 출가 체험을 해보는 것도 괜찮다고 생각한다. 템플 스테이에 참가해 '폭포수행', '경전 필사', '좌선'을 따라 해보고 '사찰요리'를 먹는 코스를 제공하는 절이 검색만 해도 쉽게 나오니까, 마음만 있으면 당장이라도 체험할 수 있다.

 출가하지 않더라도 일단 일은 신경쓰지 말고, 스마트폰도 버린 채 하루 종일 명상에 잠겨도 좋다. 만약 무단결근을 했다는 이유로 회사에서 바로 잘릴 것 같다면, 자신이 그 회사에서 얼마나 가치 없는 존재였는지 깨닫게 될 것이다. 원래 무능력한 인간이었지만, 회사에 있었던 덕분에 잠시 가려져 있었을 뿐이었다. 그리고 잘리고 나서야 비로소 그 사실을 알게 된다.

 이 점이 중요하다.

'나에게는 가치가 없다'를 깨닫는 것에서 시작

 사람들은 대부분 자신이 가치 있는 존재라고 믿는다. 서점에는 '당신은 가치 있는 사람'임을 강조하는, 실속 없는 자기계발서가 넘쳐난다. 하지만 조금만 생각해보면, 그 가치의 기반은 돈이나 지위, 연줄 같은 것에 있다. 그리고 그것들을 잃으면 그 사람의 가치도 사라진다. 그렇기 때문에 '나에게 가치가 없다는 걸 깨닫는 지점으로 내려가는 경험'이 중요하다.
 이슬람에서는 모든 가치가 신에게 속하기 때문에 인간에게 가치가 있다고 여기지 않는다. 하루에 다섯 번 예배를 드리는 행위를 통해서만 비로소 신에게 승인을 받고 가치를 부여받는다. 결국, 가치를 깨닫기 위해서는 먼저 자신에게 가치가 없다는 사실을 인식해야 한다.
 예를 들어 선종의 본산지인 에이헤이지永平寺(후쿠이 현에 있는 사찰 이름-옮긴이)는 공식 홈페이지에 이런 시를 내걸고 출가 체험 신청을 받는다.

"죽으려 생각한 날은 없지만, 살아갈 힘을 잃은 날은 있다. 그럴 때, 나는 홀로 사찰을 찾아 부처 앞에 앉았다 온다. 힘이 솟아나 내일을 향한 마음이 돌아올 때까지 앉았다 온다."

최근 들어 사회생활의 스트레스에 지친 현대인들의 관심이 출가 체험에 쏠리고 있다고 한다. 하지만 많은 사람들이 그 매력에 끌리기는 해도, 결국 출가 체험이란 것은 불교의 분위기를 잠시 느낄 뿐 사실 자기계발 세미나와 다를 바 없다.

출가 체험이 가져다주는 가장 큰 효과는 심신의 재충전이다. 우리는 일상생활에서 일, 가정, 인간관계 등으로 고민하고 다양한 스트레스를 받는다. 출가 체험을 하면 이러한 스트레스에서 잠시 벗어나 자신과 마주하며, 심신의 균형을 가다듬고, 사원에서 수행과 비슷한 경험을 하면서 감사한 법화를 듣는다. 또한, 하루하루의 삶에 감사하는 마음과 타인을 배려하는 태도를 배우며, 이를 통해 일상에도 긍정적인 영향을 기대하고 더 의미 있는 삶을 살아가자는 것이다.

회사, 가족, 친구 등 인간관계에서 잠시 벗어나보면, 자신이 없어도 회사나 가족이나 친한 그룹이나 모두 평소처럼 잘 돌아간다는 사실을 깨닫게 된다. 결국 자신이 꼭 필요한 존재가 아니라는 깨달음이야말로 출가 체험의 진정한 목적이었다. 하지만 출가 체험이란 게 애초의 목적과는 정반대의 발상이라는 사실을 깨닫는 것에서 모든 것이 시작된다. 이렇게 친절하고 정중하게 설명했는데도 감이 오지 않거나 이해하기가 어렵다면, 이쯤에서 이 책을 덮는 것이 좋을 것 같다.

HOP 7

잠을 자자

 바보 같은 머리로 아무리 고민해봤자 좋은 일 하나 없고, 해결되는 것도 없다. 하지만 잠을 푹 자면, 아무리 머리가 나빠도 실수를 저지를 걱정이 없다. 이상한 생각에 사로잡히거나 인생에 환상을 품는 일도 없다. 잠을 자면 피로가 풀리고 스트레스도 쌓이지 않으니, 울적하거나 지쳤을 때는 무조건 잠을 자는 게 답이다.

 사실 아침마다 억지로 일어나 만원 전철에 몸을 싣고 회사에 간다는 것 자체부터 잘못되었다. 애초에 인간은 그런 생활을 견딜 수 있도록 만들어진 존재가 아니다.

만원 전철을 탈 수 있는 인간은 교육으로 만들어진다

남이 자신에게 가까이 다가오는 것을 허용할 수 있는 범위, 다시 말해 심리적 경계를 퍼스널 스페이스라고 한다. 미국의 문화인류학자 에드워드 홀에 따르면, 인간의 퍼스널 스페이스는 '3.5m 이상의 공적 거리', '1.2~3.5m의 사회적 거리', '45㎝~1.2m의 개인적 거리', '0~45㎝의 밀접한 거리'라는 네 개의 레벨로 분류된다. 이 중에서 밀접한 거리(레벨4)는 키스나 포옹이 가능한 거리로, 가족이나 연인처럼 친밀한 관계에서만 허용된다. 반면, 친밀하지 않은 사람이 이 영역을 침범하면 본능적으로 불쾌감을 느끼게 된다.

인간이라는 생물은 손 닿는 범위에 타인이 들어오면 본능적으로 불쾌감을 느낀다. 그렇기 때문에 만원 전철에 빽빽이 끼어 있는 상황은 사실상 서로 잡아 죽여도 이상하지 않을 학대다. 그런 만행이 버젓이 통용되는 것은 '매일 아침 일찍 일어나 전철을 타고 회사에 가는 것'이 옳다는 교육을 받고 세뇌되었기 때문이다. 현대 교육은 '이른 아침 만원 전철에 몸을 싣고 일하러 가는 삶'이 당연하도록 인간을 길들인다. 결국, 사람들을 쓸모 있는 노예나 기계로 만드는 것이 교육인 것이다.

그렇게 자본주의를 기능케 하고 유지하는 데 도움이 되는 인간을 길러내는 것이 근대 교육의 본질이다. 도망치고 싶은 마음은 굴뚝같은데, 교육이 그 본능을 마비시키는 것이다. 그리고 '매일 제시간에 출근하는 것은 훌륭한 일이다', '고생 끝에 낙이 온다' 같은 말을 주입시키며, 그러한 삶이 가치 있는 것이라 믿게 만드는 것이 교육의 역할이 되었다.

지금 당장 알람시계를 버리자. 설령 지각을 해서 상사에게 꾸중을 듣거나 회사에서 잘리더라도 문제 될 게 없다. 오히려 좋은 기회가 될 수 있다. 스마트폰의 알람 기능부터 지워라. 자고 싶은 만큼 실컷 자고, 일어나고 싶을 때 일어나는 것이다. 그게 중요하다.

수면은 신체 기능을 유지하고 회복하는 데 중요한 역할을 한다. 잠을 자는 동안에 신체 세포와 조직이 회복되고 면역력이 높아지기 때문이다. 또한, 수면은 뇌의 기능에도 큰 영향을 미친다. 그렇기에 건강하게 살려면 충분한 수면을 반드시 확보해야 한다. 하지만 결국 이런 말들은 탁상공론일 뿐이다. 졸릴 때 마음껏 자는 것이 가장 중요하다.

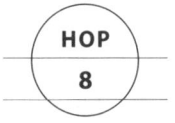

아이와 놀자

인생을 사는 데 '귀여움'은 중요하다. 사람들에게 '얘는 귀여운 애네'라는 인식을 심어주면, 대부분은 일이 수월하게 풀린다.

아이들과 놀 때 이를 가장 쉽게 실감할 수 있다. 아이들이 말을 못해도 살아갈 수 있는 이유는 귀엽기 때문이다. 그들은 말도 도통 듣지 않고 간단한 지시를 못 알아듣기도 한다. 잠깐만 눈을 떼도 온 집 안에 낙서를 시작하거나 음식을 흘리기도 한다. 이걸 어른이 했다고 한다면 도저히 봐줄 수 없지만, 아이들은 귀여우니까 용서가 된다(살짝 혼이 날 수야 있겠지만). 귀여움은 주변 사람들이 알아서 도와주게 만든다.

어떤 능력보다도 '귀여움'이 중요

어른들에게도 '귀여움'은 무기가 된다. 아니, 어쩌면 가장 중요할지도 모른다. 아무리 일을 잘하고 머리가 좋다 한들, 그것이 인정을 받는 상황은 제한적이다. 하지만 귀여움은 범용성이 더 크다. 예를 들어 전쟁터에서도 귀여운 사람은 그렇지 않은 사람보다 최전선에 배치될 확률이 낮기 때문에 결국 살아남을 가능성이 높아진다.

반대로, 귀여움이라는 기준에서 보면 능력이 뛰어난 것이 오히려 방해가 될 때도 있다. 능력이 출중하지만 잘난 체하는 사람보다, 조금 부족하더라도 귀여운 사람이 더 호감을 얻는다. 그러니 주변 사람들이 '내가 더 우위에 있다'고 느끼게 만들자. 그러면 가만히 있어도 알아서 도와줄 것이다.

하지만 이 귀여움이라는 건 생각보다 심오해서, 진정한 귀여움을 손에 넣으려면 수행이 필요하다. 만약 귀여움이 조금 부족하다 싶은 사람은 일단 형태부터 갖추자. 아이들처럼 행동하는 것은 다소 부담스럽겠지만, SNS에 고양이 사진을 올리거나 고양이 프린트 티셔츠를 입는 정도는 괜찮을 수도 있다. 물론 괜히 애쓰는 사람처럼 보일 위험도 있지만, 어차피 모든 사람의 마음을 얻을 필요는 없다. 게다가 원래 귀엽지 않은 사람이 귀여워지려고 하는 노력인데 참기 힘들어도 어느 정도는 받아들일 필요가 있다. 그렇게 굴하지 않는 노력이 때로는 눈물샘을 자극한다. 처음에는 기분 나쁘다며 거리를 두던 사람들도 점점 '불쾌한데 왠지 귀엽다'며 생각을 바꾸게 되고, 결국 진짜 귀여운 사람이 될 수도 있다.

여기까지 왔다면 이제 남은 건 단 하나, 상대방의 이야기를 잘 듣는 것이다. 괜히 말을 보태려 하지 말고, 묵묵히 맞장구를 치며 철저히 듣는 데만 집중하자. 센스 있게 말을 건네는 건 어려울 수 있지만, 듣는 것쯤이야 지금 당장이라도 할 수 있다. 내용이 잘 이해되지 않더라도 생글생글 웃으며 들으면 된다. 남이 말하는 중에 틈만 나면 자기 이야기를 하려는 사람이 있는데, 그런 사람은 비호감이다. 반면, 상대의 이야기를 경청하면 귀여움을 받을 수 있다. 설령 속으로는 딴생각하느라 전혀 이해하지 못했더라도, 고개를 끄덕이며 맞장구를 치고 듣는 시늉만 하면 된다.

자기 눈에 귀여운 것들과 놀자

앞서 아이들이 귀엽다고 이야기했는데, 동물행동학자인 콘라트 로렌츠는 신체에 비해 머리가 크고, 이마가 넓고 툭 튀어나왔으며, 얼굴 하관에 큰 눈이 달려 있다는 특징이 있으면 생물이든 아니든 상관없이 사랑스럽게 느낄 수 있다는 '베이비 스키마' 이론을 제창했다. 이 이론은 실험심리학에서도 검증되면서 널리 받아들여졌다.

물론 예외 없는 법칙은 없기에, 모든 사람이 아이를 귀엽다고 생각하는 것은 아니다. 나도 사실 아이를 좋아하지 않는다. 특히 유아를 매우 싫어한다. 그러니 아이들과 놀라는 조언을 곧이곧대로 따를 필요는 없다. 억지로 아이들과 어울리다가는 오히려 스트레스가 쌓여 역효과만 날 것이다. 중요한 것은 자기 눈에 귀여운 것들과 놀면 된다. 이를테면, 내 트위터의 타임라인에는 '귀여운 큰도롱뇽'과 '귀여운 도마뱀' 사진이 넘쳐난다. 그러니 각자 자신에게 맞는 방법으로 대처하도록 하자.

자유주의 사상에 물든 교육학자나 컨설턴트들은 아이들과의 놀이에 대해 하나같이 이렇게 말한다. '아이와 같이 놀면 서로 신뢰 관계가 쌓여 커뮤니케이션이 수월해지고, 아이들 역시 놀이를 통해 사회성이나 협조성, 문제 해결 능력, 규범을 지키는 것이 왜 중요한지 배울 수 있다. 또한 상대의 마음을 배려하는 법이나 난처한 상황에 맞설 용기 등 인간으로서 중요한 가치관과 스킬을 익힐 수 있다.' 그러면서 아이의 창의력을 자극하려면 그림 그리기나 만들기를 하고, 사고력이나 전략성을 단련하려면 보드게임을 하고, 팀워크와 협조성을 배우려면 스포츠를 하고, 상상력과 언어 이해 능력을 높이려면 동화를 읽어주고, 식재료와 조리법을 익히려면 요리를 하고, 뇌를 자극하여 지식과 추리력을 쌓으려면 퀴즈나 퍼즐을 풀어보라고 한다. 하지만 이런 조언들은 대개 헛다리 짚기일 뿐이다.

 그런 것들은 아무런 상관이 없다. 중요한 것은 아이든, 큰도롱뇽이든, 도마뱀이든 괜찮으니까 자기 눈에 귀여운 것들과 같이 즐겁게 놀아보는 것이다. 그리고 손이 많이 가는 무능력자, 밥만 축내는 아이들, 혹은 큰도롱뇽이나 도마뱀과 함께할 때 자신이 왜 즐거운지 다시금 생각해보자. 자기계발 세미나의 강사나 컨설턴트들이 떠드는 것처럼 돈벌이나 실용적인 스킬 습득 같은 목적의 수단이 아니라, 순수한 즐거움과 행복이란 무엇인지 떠올려보는 것이다. 그리고 그것을 타인에게도 전할 수 있는 사람이 되는 것. 그것이야말로 아이와 노는 진정한 의미다.

친구를 줄이자

 친구는 많을수록 좋다고들 한다. 하지만 인간관계는 친구든 뭐든 늘어나면 늘어날수록 귀찮고 성가신 일이 함께 따라오기 마련이다. 친구까지도 포함해서 인간관계는 되도록 줄이는 게 좋다. 친구가 많아봤자 도움이 되기는커녕, 오히려 돈을 요구하는 상황이 더 자주 발생할 수도 있으니까 차라리 없는 게 낫다. 친구가 없으면 괴롭힘을 당할 일도 없다.

 그런데 친구를 비롯한 인간관계란 마음먹고 만든다기보다 자연스럽게 형성되는 법이다. 자신도 잘 모르는 사이에 '어쩌다 애랑 놀고 있는 거지?' 하고 문득 생각하게 되는 것이다. 함께 있어 즐겁다면 굳이 피할 이유는 없겠지만, 그런 경우를 제외하고는 의미가 없다.

그렇다고 완전히 고립된다면 그건 그것대로 힘들 수 있으니까 정말 필요한 인간관계만 남겨 놓자. 그러려면 스스로 붕 뜨는 걸 추천한다. 예를 들어 학교에서는 친구들이 당황할 만한 행동을 일부러 해보는 것이다. 직장에서는 말 걸기 어려운 분위기를 시종일관 내뿜고 말이다. 그렇게 보통 사람이라면 선뜻 다가오기 어려울 만한 행동을 하는 것이다. 그런데도 말을 걸어오는 사람이 있다면, 그때는 응해줘도 괜찮다.

애초에 의사소통이란 것은 무리해서 시도해봤자, 대부분 낭패를 보기 마련이다. 요즘은 직장에서도 갑질이나 성희롱 문제에 예민해져 인간관계를 쌓기가 어려워졌다고들 한다. '얘기하면 알아줄 거야'라고 말했다가 인정사정없이 참살당한 정치가도 있었는데, 사실 따지고 보면 대화는 하면 할수록 실타래를 더 엉키게 만드는 경우가 많다. 게다가 원래 '얘기하면 알아줄 거야'라고 말하는 사람들은 늘 유리한 입장에 있다. 높은 위치에 있으니 주변에는 순순히 들어주는 사람들만 가득할 뿐, 진정으로 이해해주는 사람은 거의 없는 것이다.

지금의 상황을 바꾸고 싶다면, 말없이 한 대 쳐보자. 생각은 그 다음에 해도 된다. 고민하기 전에 먼저 때리는 것이다. 물론, 어쩌면 경찰에게 붙잡힐 수도 있다. 하지만 적어도 당신이 처한 상황은 확실히 달라질 것이다. 결과적으로 인간관계도 줄어들어, 오히려 더 살기 편해질지도 모른다. 하지만 그 정도까지 할 생각이 없다면, 아무것도 하지 말고 그냥 조용히 있자.

진정한 친구란?

독자 중에는 "친구를 줄이자"라는 제목을 보고 깜짝 놀라, 혹시나 다른 의도가 숨어 있는 건 아닐까 의심할지도 모른다. 그러고는 '친구를 줄이자'라는 말이 결국 당신의 인생을 더 풍요롭고 질적으로 향상시키기 위한 하나의 전략일 거라고 멋대로 해석할 수도 있다.

보통은 친구가 많으면 다양한 정보를 얻을 수 있고, 어려울 때 도움을 받을 수도 있으며, 함께하는 시간이 즐겁기 때문에 좋은 것이라 여긴다. 하지만 모든 교우 관계가 꼭 긍정적인 영향만 미치는 것은 아니다. 사람과 관계를 맺으려면 상대의 감정을 배려하고, 대화 시간을 만들며, 서로 이해하기 위해 많은 에너지를 쏟아야 한다. 그러나 우리의 에너지는 무궁무진하지 않다. 그렇기 때문에 더 효율적으로 살기 위해 '친구를 줄이자'고 말한 거구나. 이렇게 추측할 것이다.

그래서 '일단 멈춰서 친구 리스트를 쭉 훑어보자. 그리고 나를 발전시켜주거나 즐겁게 해주는 친구와, 내 입장을 난처하게 만들거나 시간과 에너지를 낭비하게 만드는 친구를 구분하자. 이렇게 인간관계의 질을 향상시키기 위해 친구를 줄인다고 했겠지. 나에게 가치 있는 관계에 투자하는 것이 중요하니까'라고 결론을 내리는 것이다.

하지만 근본적으로 오해가 있다. 나에게 진정한 친구란 단순히 도움이 많이 되고, 함께 있을 때 즐거운 사람이 아니다. 물론 도움이 되는 친구도 있고, 함께 있으면 즐거운 친구도 있을 수 있다. 그런데 만약 교통사고로 전신이 마비되어 꼼짝도 못 하고 말도 부자유스럽다면 어떨까? 진정한 친구란 아무리 폐를 끼쳐도 왠지 미워할 수 없고, 성가신 일에 휘말릴 것을 알면서도 무심코 전화를 받게 되고, 남들이 봤을 때 '왜 저런 사람이랑 어울리지?' 하고 고개를 갸웃거릴 만한 사람이다.

그런 친구는 쉽게 발견할 수 있는 것도 아닐뿐더러, 설령 많다고 해도 몸이 따라주지 않을 것이다. 친구가 적어도 좋다는 것은 바로 그런 뜻이다.

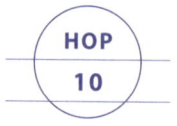

고기잡이를 나가자

지금은 굶어 죽은 사람이 길에 널브러질 정도로 비참한 상태는 아니지만, 앞으로 인구가 점점 감소하면 상황이 어떻게 변할지 알 수 없다. 인구가 세계적으로 증가하는 반면 국가적으로는 감소한다는 것은, 자체적으로 식량을 확보할 능력이 떨어지는 동시에 외부에서 들여오기도 어려워질 수 있다는 것을 의미한다.

따라서 직접 식량을 조달하는 힘은 매우 중요하다. 오늘날 과학이 아무리 발달했어도 우리는 여전히 자연에서 얻은 동식물과 그 가공품을 주로 먹는다. 순수하게 화학적으로 만들어낸 인공물은 조미료나 식품 첨가물 정도에 불과하다. 음식이 없으면 인간은 살아가지 못한다. 생존을 위해서는 식량 조달이 기본이기 때문에 인류학에서는 생활양식에 따라 인간을 크게 농경민, 유목민, 수렵 채집민으로 분류한다.

농경민은 작물을 재배해 수확하고, 유목민은 가축을 길러 고기나 유제품을 생산하며 모피 등을 얻는다. 한편, 수렵 채집민은 자연에서 식용이 가능한 야생 동식물을 채집하며 살아간다. 농경이 발전하면서 장기간 저장이 가능한 곡물이 등장했고, 이를 활용한 여러 가지 조리법이 발명되면서 부의 축적도 가능해졌다. 실제로 농경과 유목은 상호 보완적인 관계에 있다. 특히 유목민은 말이나 낙타 같은 대형 가축을 길들여 넓은 범위를 빠르게 이동하는 힘과 막강한 전투력을 갖추게 되었다. 이들은 한곳에 머무르는 농경민이 축적한 부를 다른 지역으로 옮겨 교환하며 원격지 무역을 담당하기도 했다. 이러한 과정에서 이집트, 메소포타미아, 인도, 중국 등지에 농경문명이 자리 잡았으며, 유목민이 이를 매개하면서 유라시아 세계가 형성되었다.

고도 문명을 이루어낸 농경민이나 유목민과 달리, 기본적으로 '하루살이'를 하는 수렵 채집민은 '문명'이라는 게 없다. 이러한 이유로 18~19세기 계몽주의 시대의 서양인들은 수렵 채집민을 뒤처진 '미개인'이라 부르며 차별하고 멸시했다. 서양의 열강이 세계를 식민지로 만들어 지배하게 되자, 근대 자본주의적 토지 소유 개념이 없던 수렵 채집민들은 삼림이나 초원 등 삶의 터전을 차례차례 빼앗겼다. 그 결과, 현재는 오스트레일리아의 원주민(애버리지니: 오스트레일리아 원주민들은 이 명칭을 선호하지 않는다고 한다-옮긴이), 아프리카의 부시맨(산족), 북아메리카의 알래스카, 캐나다의 에스키모(유픽, 이누이트), 아마존의 미접촉 부족 등 일부 집단만이 남아 있을 뿐이다.

진정한 '노마드'는 늘 죽음을 동반한다

유목민이 없는 농경사회에서는 유목의 실태가 알려지지 않은 채, 일하는 장소에 묶이지 않는 유목적인 라이프스타일이라는 모호한 의미로서 '유목'이라는 단어가 어느 정도 정착되었다. '유목적 라이프스타일'이라는 말의 원래 출처는 1980년대 뉴아카데미즘 주변에서 유행한 '노마디즘(유목생활)'이다. 프랑스 철학자 질 들뢰즈가 처음 사용한 이 말은, 장소나 고정된 제도에 얽매이지 않는 삶을 의미한다고 이해할 수 있다. 그러나 들뢰즈 등이 자본주의를 비판하며 사용한 노마드론이 완전히 변형되어, 자기계발 관련 정보 상인들에 의해 '노마드 라이프'라는 세련된 단어로 재탄생했다.

'일과 놀이의 벽을 허물고 전 세계 어디에서든 수입을 창출할 수 있는 노마드 비즈니스. 두 곳 이상을 이동하며 쾌적한 장소에서 생활과 업무를 병행함으로써 창의력, 효율성, 사고의 유연성을 높이고, 그것이 긍정적으로 순환하는 라이프스타일이다.'

이런 느낌이다.

'노마드', '노마드 워커' 같은 개념은 본색이 드러나면서 2012년에 정점을 찍은 뒤 내리막길을 걸었으나, 2019년 코로나 팬데믹을 계기로 다시 부활했다.

그야말로 자신의 능력을 과신한 바보, 마치 자신을 뱀이라 착각한 지렁이가 솔깃해서 달려들 듯한 말이다. "진짜 바보는 아무것도 모르는 사람이 아니라, 알아야 할 것을 모르는 사람이다." 알아야 할 것을 모르는 사람은 아무리 공부를 잘하고 지식이 풍부해도 그냥 바보다. 바보란 마치 자신을 뱀이라 착각한 지렁이다. 체격이 좋고 운동 능력도 뛰어난 지렁이가 동료 지렁이들을 깔보고 자신은 뱀인 줄 착각한다. 그러다 뱀의 흉내를 내며 지상으로 나와 개구리를 잡아먹으려 다가가지만, 결국 움직이는 것은 가리지 않고 삼켜버리는 개구리에게 한입거리다. 자신이 지렁이라는 걸 알고 얌전히 땅속에서 진흙을 먹었다면 평생 평온하게 살 수 있는데 말이다.

요컨대, 자신의 능력을 정확히 이해하고 분수에 맞게 사는 것이야말로 현명한 삶이다. 스스로를 똑똑하다고 착각하는 바보는 분수를 아는 지렁이만도 못하다. 교육도, 자기계발서도, 주변 사람들도 대부분 이렇게 말을 건넬 수도 있다. "넌 사실 더 잘할 수 있는 사람이야. 그러니까 노력하자." 하지만 그에 앞서 자신의 능력을 제대로 파악하는 것부터 시작해야 한다.

자본주의가 여러 문제를 안고 있는 것은 분명하지만, 그렇다고 이 책을 읽는 여러분이 어떻게 손을 쓸 수 있는 영역은 아니다. 사실 진정한 노마드는 들뢰즈나 정보 상인들이 말하는 것처럼 세련되고 멋진 삶이 아니라, 가혹한 자연과 사회 환경 속에서 엄격한 규칙을 따르며, 한번 잘못 판단했다가는 죽음으로 직결되는 가차 없는 삶이다.

유목민의 전통도 없이 그저 농경민 신분의 연약한 문명인이 '노마드 라이프'나 '노마드 워커' 같은 세련된 말에 현혹되어 정보 상인의 감언이설에 빠져 이직을 하는 등, 자신을 뱀이라고 착각하는 지렁이가 되어서는 안 된다.

주말 어부여, 해적이 되어라

현대 자본주의를 되돌아보고 대안을 찾는 차원에서, 혹독한 유목적 생활보다는 자급자족하는 수렵 채집민 같은 삶을 추천한다. 수렵 채집의 목표는 발전이나 축적이 아니다. 그날 먹을 만큼만 구해서 소비하는 것이다. 발전이나 성장이 한계에 다다른 현대사회에서는 '무엇인가를 새로 만들어내기보다는 이미 있는 것을 구하거나 주워 모으고, 그것을 동료들과 나누는 방식이 생존을 위해 중요한 방법 중 하나'다.

무엇보다 수렵 채집은 생활 주기가 1년 단위인 농경이나 유목과 달리, 기본적으로 그날그날 생존을 위해 활동하는 방식이다. 따라서 이직을 해야 하나 말아야 하나 호들갑스럽게 고민할 필요 없이, 주말 휴가 때 수렵 채집민의 삶을 가볍게 흉내 내볼 수도 있다.

그중에서도 어획을 추천한다. 수렵이란 원래 총이나 활은 말할 것도 없고, 덫사냥조차도 면허 따기가 어려운 데다가, 마음 내킬 때 훌쩍 산으로 나가 사냥감을 만날 수 있는 것도 아니다. 게다가 과일이나 버섯, 먹을 수 있는 들풀 채집도 철에 따라 다르기 때문에 도전하기가 꽤 까다롭다.

그런 면에서 바다나 강은 마음이 내킬 때 낚싯대 하나 들고 훌쩍 나가면 뭐라도 낚을 수 있다. 부담 없이 유료 낚시터에서 시작할 수도 있다. 작살을 들고 고래라도 잡으러 가지 않는 이상, 위험할 일도 없다.

바다에서 잡은 생선을 그 자리에서 먹다 보면 시간은 금방 지나가고, 잡생각을 할 틈도 없다. 일상에서 한 걸음 떨어져 자연을 벗 삼아 마음 편히 쉴 수 있다.

낚시는 낚싯대만 있으면 시작할 수 있지만, 하루만 해보고 마음에 들면 더 깊게 들어가는 것도 가능하다. 낚시 도구에는 낚싯대나 릴, 루어, 먹이, 낚싯줄, 낚싯바늘, 그리고 생선을 잡아넣기 위한 그물 등이 있다. 날씨에 맞는 옷을 고르고, 특히 미끄러지지 않는 신발을 신는 것이 좋다. 바다는 가고 싶을 때 아무 때나 가도 뭔가를 잡을 수 있다. 물고기를 잡지 못하더라도 조개껍데기 정도는 주울 수 있다. 하지만 낚시에 적합한 장소, 밀물과 썰물, 날씨, 계절, 그리고 잘 잡히는 생선 종류 등을 미리 알아두면 성공할 확률이 높아진다.

무엇보다 바다에 나가는 것은 바다 저편에 있는 새로운 세계에 눈을 뜨는 일이기도 하다. 몇 번 낚시를 나갔다가 만약 자신이 지렁이가 아니라 바다뱀, 그것도 거대한 레비아탄(신화에 등장하는 바다의 용-옮긴이)이라는 사실을 알게 된다면, 배를 한 척 사서 해적왕을 꿈꿔보는 게 어떨까.

STEP

책을 읽자

나는 학교를 싫어했다. 공부는 그럭저럭 잘했지만, 친구와 어울리거나 운동하는 것도 싫어했고, 형제가 없어서 집에서는 책만 붙잡고 살았다.

그렇게 지식을 책에서 얻었기 때문에 학교 수업은 따분하기 그지없었다. 가끔 선생님이 틀린 말을 하면 그걸 지적하기도 했으니, 선생님 입장에서 보면 눈엣가시 같은 학생이었을 거다. 실제로 눈 밖에 나기도 했다.

책은 혼자서 하루 종일 즐길 수 있고, 도서관에 가면 돈도 들지 않는다. 철학자 플라톤도 말하지 않았는가. "아는 것이 최고의 쾌락이다." 그걸 깨닫게 되면 돈이 없어도 즐겁게 시간을 보낼 수 있다. 즐거움의 감각은 사람마다 다르지만, 적어도 독서가 즐겁게 느껴진다면 평생 시간 때우기에도 좋으니 추천한다.

'모르는 책'을 읽어라

 독서를 추천하는 사람들은 대부분 책을 읽으면 지식과 교양을 높일 수 있고, 업무나 일상생활에서 도움이 될 뿐 아니라 인간관계를 쌓는 데도 중요한 요소가 된다고 말한다. 또한 이야기에 등장하는 인물이나 상황을 이해하면서 감성과 상상력이 풍부해지고, 때로는 책을 통해 공감과 이해가 깊어져 친구나 가족과 더 깊은 대화를 나눌 수 있다는 이야기도 한다. 하지만 내 경우는 독서 덕분에 인간관계가 좋아진 적은 없으니, 내가 즐겁다면 그걸로 충분하다. 오히려 독서를 '무언가에 도움이 되게 하자'는 발상 자체가 재미없다.

 하지만 독서를 하겠다는 마음을 먹은 시점에서 유튜브나 틱톡 밖에 보지 않는 사람보다는 나을지도 모른다. 인간은 기본적으로 자신이 놓여 있는 틀 안에서만 사물을 판단한다. 시스템이라고도 하는 그 틀을 비판적으로 바라보려면 지적 훈련을 받고 추상적인 사고를 해야 하는데, 이를 타개하기 위한 최선의 방법이 독서다. 단순히 즐겁다는 것 외에 책을 읽는 이유가 있다면, 이러한 사고를 키우기 위함이다. 그러나 이를 위해서는 '자신이 읽고 이해하는 책'이 아니라, 이 복잡한 세상을 배울 수 있는 책을 읽어야 한다.

마침 우치다 다쓰루 선생이 2023년 6월 8일자 트위터에서 "도서관 사람들 모임에서 강연을 하기 위해 오사카로 출동. '도서관의 효용은 눈에 보이는 수치로 측정할 수는 없습니다'라는 이야기를 합니다. 책을 읽는 것의 가장 큰 기쁨은 '지금 여기서 지배적인 가치관'을 일시적으로 (경우에 따라 영원히) 무효화하는 것이니까요." "'이 책을 읽으면 어떤 좋은 일이 있나요?'라는 종류의 질문에는 '당신이 자명하다고 생각하는 〈좋은 일〉의 정의가 흔들리는 것 아닐까요?'라고 대답하면 어떨까"라는 트윗을 남겼다.

지금 세상에는 '자신의 머리로 생각하라'며 바보를 부추기는 바보들이 넘쳐난다. 그들은 낡은 관념에 물든 고지식한 바보들이 생각해내지 못한 새로운 사실을 본인들이 생각해내서 말한 줄 알고 있을 텐데, 바보가 해낸 생각이라고 해봤자 이미 오래전에 다른 사람이 먼저 말한 진부하고 실없는 소리일 뿐이다. 이미 2,500년 전쯤 중국의 고전 『논어』에도 "배우기만 하고 생각하지 않으면 얻는 것이 없고, 생각만 하고 배우지 않으면 위태롭다"라고 나와 있다. 타인에게 배우기만 하고 자신의 머리로 생각하지 않으면 판단력을 기를 수 없다. 혼자서만 생각하고 남에게 배우지 않으면 시야가 좁아져서 생각이 치우치니까 그보다 위험한 것은 없다. '자신의 머리로 생각하라'고 했던 바보는 이미 세상에 넘쳐났다.

바보에게 바보라고 해봤자 소용없다. "거룩한 것을 개에게 주지 말며 너희 진주를 돼지 앞에 던지지 말라. 그들이 그것을 밟고 돌이켜 너희를 찢어 상하게 할까 염려하라."(『마태복음』 7장 6절)인 것이다. 보지 못한 척 그대로 지나가는 것이 무난하다.

아무튼 이 책을 펼친 독자들은 '자신의 머리로 생각하는 타입'의 바보가 아니라 책을 읽고 배우고자 하는 마음이 있다는 뜻이니, 많이 읽었으면 한다. 우치다 다쓰루 선생이 말한 대로, 독서의 진정한 '효용'은 자신이 상식이라고 생각했던 것들을 상대화하고, 가지고 있던 가치관을 무너뜨려 업그레이드하는 것이다. 그래서 이 책을 읽고 '그래, 그래, 맞아', '내가 생각했던 바로 그거야'라며 걸리는 것 없이 즐겁게 읽어나간다면 딱히 읽는 의미가 없다고도 말할 수 있다. 하지만 독서는 애초에 효용을 얻고자 읽는 것이 아니라, 그 자체가 기쁨이라는 사실을 아는 것이 이 글의 목적이다. 따라서 자신과 가치관이 똑같다는 사실을 독서로 확인해 기쁨을 얻는다면, 그 또한 나쁘지 않을 것이다. 뭐, 공감 6, 반감 2, 모르겠다 2 정도가 가장 이상적으로 보이는데,

이 세상은 그렇게 원하는 대로 흘러가지는 않으니 말이다.

이해해야만 하는 것을 이해하라

어찌 되었든 물질적이고 현세적인 행복이 없더라도 학문은 그 자체가 즐거운 것이다. 배우는 기쁨과 진리가 곁들여진 행복감만 있다면, 어떤 불행도 느끼지 않을 만큼 큰 즐거움을 얻을 수 있다. 이러한 감각을 익혔으면 한다. 물론 독서를 조금 했다고 해서 이런 것들을 당장 이해할 수는 없을 것이다. '이해가 잘되지 않더라도 이해해야만 하는 것을 이해하는 것'이 중요하다.

독서술을 다루는 책에서는 독서의 진행 상황을 기록하면 성취감을 얻을 수 있을 뿐만 아니라, 자신의 독서 속도나 이해도를 파악할 수 있다는 내용을 전하기도 한다. 또한, 가끔은 새로운 장르에 도전하거나 생각해보지 않았던 추천 도서를 읽어보라는 조언도 적혀 있다. 최근에는 속독 기술을 익히면 단시간에 많은 정보를 흡수할 수 있다는 등 다양한 정보가 소개되지만, 이런 것들 역시 쓸데없는 것을 가치 있는 것처럼 포장해서 팔아야만 성립하는 자본주의 시스템이 낳은 현대병 같은 것이다.

이러한 주장들은 모두 책의 내용을 단시간 내에 얼마나 이해하고, 자신의 생활에 도움이 되는지를 기준으로 보고 하는 말이며, '나는 이해하지 못했더라도 이해해야만 하는 것을 이해하는 것'이라는 독서의 본래 의미를 망각한 어리석은 행위이다. 그런 방식으로 책을 읽을 정도라면, 차라리 아무것도 하지 않는 편이 낫다. 지금 당장 책을 덮어버리자.

만화를 읽자

앞서 이야기했듯이, 생각보다 많은 사람들이 독서를 어려워한다. 이 책을 읽고 있는 여러분은 어느 정도 독서를 좋아하겠지만, 직접 읽어보고 의미를 쉽게 이해할 수 있는 책만 선택하는 경우가 대부분일 것이다. 만약 독서가 자신 없다면, 만화를 읽으면 된다.

나는 여기저기서 "이루지 못할 꿈을 갖자"고 말하고 다닌다. 목표나 꿈이라는 건 '혹시 이룰 수 있지 않을까?'라는 식으로 어정쩡하게 생각하기 때문에 불안해지는 법이다. 애초에 달성이 불가능하다는 걸 알면, 불안해할 이유도 없다.

'세계 정복'을 위해 만화를 읽어라

『킹덤』(하라 야스히사, 슈에이샤)이라는 만화를 읽은 적이 있는가? 기원전 259~기원전 210년의 중국을 배경으로 한 이야기인데, 나중에 시황제가 되는 진나라의 왕 영정이 중국을 통일하는 과정을 그린 전쟁 만화다. 주인공 신이 이렇게 말한다. "경계가 있기에 안과 밖이 나누어지고, 적이 생긴다. 국경이 있기에 나라가 생기고, 다툼은 끝이 없다. 그래서 그 녀석은 나라를 하나로 통일하려는 것이다. 그리고 나는 그의 금강검이다."

『킹덤』은 국경을 없애고 나라를 하나로 통일하는 '평천하'를 그린 이야기이다. 진나라의 역사를 보면 알 수 있듯이 그 방법은 아직 명확히 드러나지 않았지만, 법가의 이론을 따른 통치다. 중국의 역사 속에서 결국 진은 천하를 통일하지만 곧 멸망하고, 중국에서는 유가 사상이 지배적이 된다. 마침 만화 『킹덤』에서는 759화에서 한비자가 이제 막 등장한 참이니 아직 『킹덤』에서 법가의 해석이 어떻게 전개될지는 모르겠지만, 한마디로 말하자면 그것은 인간이 정한 법이다. 결국 진은 인간이 만든 불완전하고 부정한 법으로 사람을 다스리려 했기 때문에, 영정이 세상을 떠난 후 그 체제는 곧 와해된다.

인류의 해방은 국경의 철폐에 있다. 그러나 어렵게 국경을 없애고 여러 나라를 멸망시킨다 해도, 신의 법이 아닌 인간이 만든 법으로 인간을 지배하려는 한, 성공할 수 없다.

『킹덤』의 테마는 '세계 정복'이라 할 수 있다. 여러분도 시시한 꿈이나 목표를 가질 바에야, 차라리 '세계 정복'을 목표로 삼고 살아보는 것은 어떤가. 만화나 애니메이션도 포함해서, 많은 사람들에게 친숙한 엔터테인먼트는 '세계 정복'처럼 황당무계한 테마를 내거는 편이 좋다. 어설프게 실현 가능할 법한 현실적인 꿈이나 목표를 테마로 내세우면, 읽는 사람 입장에서 착각할 여지가 생기기 때문이다. 이런 테마를 가진 만화나 애니메이션은 흔히 사람들의 잠재적인 자아 비대를 자극하는 방식으로 이야기가 구성된다. 물론 그 꿈을 이룰 수 있는 사람도 극소수 존재할 수 있겠지만, 대다수는 그렇지 않기 때문에 악영향이 더 크다.

목표나 꿈은 남들과 다르면 다른 대로 좋은 법이다. 고민이란 대개 타인과 비교하는 과정에서 생겨나기 때문이다. 나는 예전부터 남들과 소망 자체가 달라서 그런지, 딱히 남을 시기할 일이 없었다. 여러분도 모든 행동을 세계 정복이라는 거대한 목표와 연결지어 생각해보면, 하루하루의 사소한 고민들이 대수롭지 않게 느껴질 것이다.

만화와 애니메이션이 통하는 교양인이 되자

 만화든 애니메이션이든 드라마든 가리지 않고 시리즈 작품을 읽거나 보는 것만으로도 시간을 즐겁게 때울 수 있다. 최근에는 넷플릭스를 비롯한 동영상 서비스가 우후죽순 생겨나면서, 각 회사가 생존을 걸고 경쟁하는 시대다. 덕분에 좋은 작품을 언제 어디서든 돈을 크게 들이지 않고 저렴하게 볼 수 있게 되었다. 정말 좋은 시대다.
 게다가 만화나 애니메이션을 통해 풍부한 스토리와 인물을 접할 수 있고, 그 안에서 우리는 많은 것을 배운다. 그들의 이야기는 우리의 마음을 움직이고 시야를 넓히며 사고를 자극하고, 때로는 인생을 다시 돌아보는 계기를 만들어준다는 사람도 있을 것이다. 그런 건 중요하지 않고, 결국 모든 것은 세계 정복을 위해 읽고 보는 것이다.
 굳이 설명할 필요도 없지만, 만화나 애니메이션은 이야기를 시각적으로 전달해준다. 글자는 내용을 유추하는 사고력이 필요하지만, 만화나 애니메이션, 드라마에서는 그럴 필요가 없다. 글자만으로는 충분히 표현되지 않는 섬세한 감정이나 정경, 인물의 표정이나 풍경 묘사, 액션의 전개까지, 이 모든 것이 시각적인 요소를 통해 그려지기 때문에 더욱 쉽게 이야기의 세계로 빠져들 수 있다.

 만화나 애니메이션을 닥치는 대로 보고 덕후의 경지에 도달했다고 치자. 그러면 바보 같은 정치가들 때문에 국가가 멸망해서 다른 나라에 분할되어 소수자로서 살아가게 될지라도, 세계의 공통 교양이 된 만화와 애니메이션이 통하는 교양인으로서 존경을 받으며 살아갈 수 있다. 그렇게 되면 '천하를 손에 쥐었다'며 당당히 가슴을 펼 수도 있다. 뭐, 그런 목표를 가지고 죽을 때까지 만화와 애니메이션을 보는 것도 나쁘지 않다. 만화나 애니메이션을 '세계 정복'이라는 관점에서 보면, 단순한 오락 이상의 존재가 된다. 이만큼 좋은 일이 어디 있을까.

최애를 갖자

 이슬람에서는 돈을 버는 것은 좋은 일이지만, 저축은 하면 안 된다. '돈을 벌면 써라. 빌려준 돈은 받을 생각하지 마라'라는 문화가 있다. 일본에서도 돈을 빌려줄 때는 아예 줄 생각으로 빌려주라는 말이 있는데, 이슬람도 그렇다. 게다가 상환 기간이 지나도 돈이 없다면 갚지 않아도 된다. 원래부터 그런 생각을 갖고 있으니, 돈을 못 받았다고 마음을 졸일 일도 없다. 이런 호기로운 면이 이슬람의 미덕 중 하나다. 비록 자신에게 돈이 없더라도, 자신보다 더 가난한 사람이 있으면 조건반사적으로 돈을 준다. 그래서 길거리에서 구걸하는 사람들에게도 반사적으로 돈을 나눠주는 것이 보통이다.

이집트에 있었을 때, 아파트에 살면서 경비를 담당하던 버클리라는 사람이 있었다. 그는 항상 나에게 돈이나 시계를 달라고 졸랐다. 나는 그때마다 돈이나 물건을 줬는데, 어느 날 마침 돈이 다 떨어진 적이 있었다. 그래서 '지금 돈이 없어'라고 솔직하게 말했더니, 그는 '괜찮아?'라며 오히려 걱정하면서 나에게 돈을 주려고 했다. 가진 사람이 없는 사람에게 주는 행위가 이슬람에서는 그만큼 당연한 일이다.

돈은 애초에 가지고 있어봐야 좋을 일이 없다. 돈이 있으면 달라는 사람이 생기지만, 없으면 아무도 돈 달라며 다가오지 않는다. 일본에서는 남에게 현금을 줄 기회가 별로 없다. 의식주 걱정을 하는 사람이 드물고, 돈이 생기면 술 담배 같은 기호품이나 파친코 등 유흥에 써버리는 사람이 많은 일본 같은 나라에서는 차라리 현금보다는 물품을 주는 게 낫다고 본다. 게다가 가난한 사람에게 돈을 나눠주는 문화가 당연하지 않은 일본에서는 아무래도 '위선 아니야?'라는 심리가 발동하기 때문에 생판 모르는 타인에게 선뜻 자신의 것을 나누는 일이 결코 쉽지 않다.

그러니 '최애'를 만들어 돈을 쓰는 일부터 시작해보자.

있는 돈은 죄다 '최애'에게 쏟아부어라

'최애'란 시간이나 돈이나 노력을 들여 응원하는, 특별히 아끼는 사람이나 캐릭터를 가리킨다. 만약 '최애'라는 말을 처음 들었다면, 먼저 애니메이션 『최애가 부도칸에 가 준다면 난 죽어도 좋아』(히라오 아우리, 도쿠마쇼텐)를 보거나 원작 만화를 읽어 보자. 주인공 '에리피요'는 7인조 로컬 아이돌 Cham Jam의 멤버 중 한 명인 이치이 마이나의 '덕질' 활동비를 벌기 위해 옷을 다 팔아버리고, 늘 빨간 체육복을 입고 다닌다. '최애'를 위해 시간과 에너지는 물론, 가진 돈까지 모두 쏟아붓는 것이야말로 '덕질'의 기본 소양이다.

'덕질? 바보 같은 짓 하고 있네'라고 생각할지도 모르겠다. 그렇게 느끼는 것도 무리는 아니다. 하지만 타인에게 베푸는 박애, 자선, 헌신의 마음을 배우는 수행이라고 생각하면 왠지 감사하게 느껴지지 않는가. 사실 '아이돌'이란 단어 자체는 원래 '우상'을 의미한다. 그리고 '최애'라는 뜻의 일본어 오시推し는 추천이라는 의미로 타인에게 무언가를 권하는 것인데, '덕질' 세계에서는 이를 '포교'라고 부른다. '덕질'이란 사실 종교적 행위이자 수행인 셈이다.

'덕질'의 종교적 성격은 다른 비슷한 행위와 비교하면 쉽게 이해할 수 있다. '덕질'은 로컬 아이돌의 라이브에 참석하고, 체키권(사진을 같이 찍을 수 있는 특전-옮긴이)을 사서 악수를 청하는 등, 스토커와 비슷한 면이 있다. 그러나 스토커가 아무리 돈을 써도 상대에게는 이익이 되지 않고 그저 불쾌감만 드는 반면, '덕질'은 최애의 수입으로 이어지기 때문에 기쁨을 줄 수 있다. 그 대상에게 돈을 쓴다는 의미에서 보면, 유흥업소 접대원에게 빠지는 것과 비슷하고 할 수 있다. 유흥업소에서 고객은 오로지 자신만이 사랑을 받는다는 환상을 가지고 어떤 보답을 원하지만, '덕질'은 고작해야 악수하고 사진 한 장 찍는 수준에 불과하다. 원칙적으로는 보답을 바라는 것이 아니라, 일방적으로 사랑을 바치는 행위인 것이다. 게다가 유흥업소들과 달리 '덕질'은 상대를 독점하려 하지 않고 오히려 그들의 매력을 세상에 널리 퍼뜨리는 활동이다. 이런 팬들이 방탄소년단BTS의 '아미' 수준이 되면, 세계적인 영향력을 미칠 수 있을 만큼 힘을 가진다.

정신분석에서 리비도는 동물적이고 본능적인 삶, 즉 성의 에너지를 말한다. 이 에너지를 제어하여 예술, 종교, 철학 등의 문화로 변환하는 것을 '승화 sublimierung'라고 한다. '덕질'을 통해 보답을 바라지 않고 일방적으로 헌신하는 마음과 '최애'를 절대적으로 긍정하여 사람들에게 꿈과 이상을 심어주는 마음을 배우고, 나아가 보편적 인류애나 창조주에 귀의하는 부분까지 승화할 수 있다면 매우 훌륭하겠지만, 거기까지 바라는 일은 없다.

자신이 추천하는(응원하는) 아이돌, 배우, 애니메이션 캐릭터, 유튜버 등 무엇이든 상관없이, 보답을 바라지 않고 '최애'라 불리는 그들에게 시간이나 돈을 쏟아붓는 것. 그것만으로도 시간과 돈을 쓰는 가장 좋은 방법이라고 할 수 있다.

'최애'를 갖는다는 것은 그 사람의 성장이나 활약을 지켜볼 수 있다는 것에 즐거움이 있다. 그들이 목표를 향해 노력하고 때로는 역경에 맞서는 모습을 보며, 우리도 용기와 희망을 얻을 수 있다. 또한 '최애'의 활약을 통해 감동과 기쁨을 공유하면, 이 무의미한 인생 속에서 조금은 보람을 느낄 수 있다.

게다가 '최애'가 생기면, 같은 '최애'를 가진 동료들과의 교류가 넓어진다. SNS나 패션, 이벤트 등을 통해 같은 '최애'를 가진 사람들을 만나고, 정보와 감상을 나누는 기회가 생긴다. 이러한 교류를 통해 새로운 친구나 동료를 발견할 수도 있지만, 억지로 인간관계를 늘릴 필요는 없다. 이런 방법으로 '덕질'이 더 즐거워지는 사람만 그렇게 하면 된다.

'최애' 찾는 법

지금 '최애'가 있다면 좋지만, 그렇지 않은 사람들은 어떻게 '최애'를 만들 수 있을까? 우선 자신의 취미나 관심에 맞는 다양한 분야의 인물이나 캐릭터를 찾아보자. 음악, 영화, 애니메이션, 스포츠 등 폭넓은 장르에서 자신에게 매력적으로 보이는 존재를 찾아내는 것이 중요하다. 이때는 직감이나 감성에 따라, 마음이 자연스레 끌리는 사람이나 캐릭터를 주의 깊게 살펴보자.

참고로 지금 내 '최애'는 '히라키요'다. '히라키요'는 드라마 〈아름다운 그〉의 주인공인 히라 가즈나리와 키요이 소 커플이다. 나는 항상 컴퓨터 화면 오른쪽에 TVer(일본 국내의 동영상 스트리밍 서비스-옮긴이)를 띄워 드라마를 보면서, 왼쪽에서는 SNS나 책, 논문 집필을 하기 때문에 드라마는 거의 챙겨 보는 편이다(예능 프로는 아예 안 보고, 애니메이션도 별로 안 본다). 〈아름다운 그〉는 우연히 TVer로 한 번 보고 빠져들었고, 그 뒤로 원작 소설, 만화, DVD까지 모두 구매하고 영화로 나온 극장판도 보러 갔다. 드라마 버전은 집필할 때 배경으로 틀어 놓기 때문에 백 번 정도는 반복해서 봤는데, 돈과 시간과 체력이 부족해서 영화는 겨우 세 번만 봤다. 그래서 스무 번은 봤다는 여성 덕후들에 비하면 새 발의 피다.

사실 〈아름다운 그〉 자체가 '최애'를 테마로 한 작품이다. 히라는 고등학교 시절 같은 반이었던 키요이에게 "재수 없어", "짜증나", "스토커"라는 말을 들으면서도, "나는 경건한 신부나 수녀처럼 키요이에게 일생을 바치고 싶어"라고 말하며 오직 키요이만을 숭배했다. 고등학교를 졸업한 후 키요이는 배우가 되었고, 히라는 키요이가 최애인 여성 팬들 사이에서 '수상한 놈' 취급을 받으면서도 덕질을 이어갔다. 그는 키요이와 연인이 된 후로도 아무런 보답을 바라지 않은 채 여전히 '킹'인 키요이를 떠받든다. 〈아름다운 그〉는 그야말로 궁극의 '덕질' 드라마인 것이다.

'최애'를 찾아냈다면 이제 어떻게 응원할지 고민해보자. 공식 굿즈나 CD, DVD를 구매하고, 콘서트와 이벤트에 참가하며, SNS로 응원 메시지를 보내는 등 다양한 방법으로 '최애'를 서포트할 수 있다. 다만, 메시지를 보낼 때는 상대방에게 부담이 되지 않도록 주의해야 한다. 가끔 '최애'에게 돈을 쓴 만큼 특별 대우를 기대하는 사람이 있는데, 정말이지 구제불능 멍청이다. 보답을 바라는 순간, 그건 더 이상 '덕질'이라 부를 수 없다.

2022년 4월 13일, 최애인 〈아름다운 그〉의 '히라키요'에 대해 열변을 토한 나의 유튜브 채널을 소개하며 이런 트윗을 남겼다. "뭐, 이런저런 이유를 붙여봤지만, 드라마를 보고 나서 잠깐 살다가 레비아탄과 마몬(탐욕과 부를 의인화한 개념—옮긴이)의 지배에서 인류를 해방시키기 위해 세계 정복에 힘쓰겠다는 기력이 솟아난다면, 그건 좋은 작품이라는 뜻이죠^^."

'덕질'은 괴로운 현실을 버티게 해주는 위로가 될 수도 있고, 목표를 향해 살아가는 원동력이 될 수도 있다.

'최애'가 있으면 본인도 성장할 수 있다. '최애'의 노력과 성공을 보고 배움으로써 인생에 긍정적인 영향을 받을 수 있다. 또한 '최애'의 실패나 고뇌에 공감하고, 그들이 다시 일어서는 모습을 보면서 역경에 맞설 용기와 끈기를 배울 수도 있다. 나아가 '최애'의 작품이나 활동을 통해 새로운 아이디어와 가치관을 접하며, 그 결과 시야가 넓어지고 인생이 풍요로워진다는 의견도 있다. 그럴듯해 보이지만, 사실 이것은 쓴 돈에 가치를 부여하고, 큰돈을 쓸 때는 그 나름의 타당한 이유가 필요하다는 비겁한 마음에서 비롯된 불순한 주장이다. '최애'가 성공하면 물론 기쁘겠지만, 그렇다고 해서 그것 때문에 자신의 인생이 나아지는 것은 아니다. 이 세상을 초월할 만한 거대한 꿈이라도 품지 않는 한, '덕질'에 불순한 의도를 넣어서는 안 된다. 그것은 일편단심이 생명인 '덕질'을 망치는 길이며, 두 마리 토끼를 쫓다 둘 다 놓치는 셈이다. 당신은 그저 즐기기 위해 시간과 돈을 '최애'에게 쏟고 있다. 그뿐이고, 그거면 충분하다. 쓸데없는 생각을 해서 스스로 즐거움을 반감시키는 것만큼 바보 같은 일은 없다.

진짜 중요한 것은 돈 그 자체가 아니다

　이슬람법에는 이자를 금지하는 규정이 있다. 한편, 일본에서는 저축을 하거나 최근에는 소액 투자로 미래의 자금을 확보하려는 사고방식이 퍼지고 있는 모양이다. 그러나 이는 비열하면서도 어리석은 생각이다. 가진 자들이 돈을 쌓아 두면 정작 돈이 필요한 곳에는 흘러가지 않기 때문에, 없는 사람이나 가난한 이들은 더 곤란해진다. 애초에 돈은 그저 종잇조각이거나, 혹은 컴퓨터 안에서 깜박이는 전자신호에 불과하다. 천재지변이라도 일어나면 한순간에 아무런 가치도 없어지는 신기루일 뿐이다. 게다가 아무리 많은 돈을 손에 쥔다 해도, 죽으면 아무 의미도 없다.

돈 자체에 가치는 없다

이슬람은 '진정한 재산이란 다 써버린 것이고, 남겨둔 재산은 머지않아 상속자에게 넘어갈 뿐'이라고 가르친다. 돈을 비롯한 모든 재산은 남겨봐야 쓸모가 없다. 언제 찾아올지 모를 '죽음'을 의식하며, '현재'를 위해 쓰는 것이 옳다.

사상가 우치다 다쓰루 선생은 "가난한 사람이야말로 줘야 한다"고 자주 말씀하신다. '무언가를 갖고 싶다면, 주었을 때 받을 수 있다'라는 말이다. 얼핏 듣기엔, '저 사람은 부자니까 할 수 있는 말 아니야? 입에 발린 소리잖아'라고 생각할 수 있지만, 나도 이 말이 맞다고 생각한다. 저축 이야기만 해도 그렇다. 1,000만 원, 2,000만 원, 1억 원을 모았다 해도, 그 정도 저금은 직업을 잃으면 몇 년 버티지 못하고 끝이다.

물론 그 사람들은 아직 수십 년을 더 살 거라고 생각하기 때문에 '미래의 불안'을 안고 저축한다고 생각할 수 있지만, 사실 그건 전혀 의미가 없다. 그 정도 금액은 써버리는 게 낫다. 예를 들어 남에게 빌려주거나 아예 줘버리면, 결국 돌고 돌아 자신에게 돌아온다. 가난한 사람이야말로 그렇게 해야 한다. 그런 의미에서, 투자라는 개념도 점점 중요해진다. 여기서 말하는 투자는 단순히 돈을 투자하는 것이 아니라, 사람이나 사물에 투자하는 것이다. 이는 매우 현실적인 조언이다.

 돈에 가치가 없다고 말하면, 자본주의에 세뇌된 독자들은 깜짝 놀랄지도 모른다. 그래서 세뇌가 무섭다. 세뇌당한 사람들은 눈앞에 있는 당연한 사실조차 보이지 않게 된다.

 세뇌가 풀리고 나서 보면, 돈은 그저 종잇조각에 불과하다. 이상한 모양과 숫자가 적혀 있어서 메모 용지로도 쓸 수 없다. 지폐의 원가는 겨우 200~300원이다. 세뇌되지 않아 눈이 흐려지지 않은 유아들에게 5만 원짜리 지폐와 케이크 중에 뭘 갖고 싶냐고 물으면, 주저 없이 케이크를 고를 것이다. 돈에 가치가 없다는 말은 반어법도 과장도 아닌, 단적인 사실이다.

정말 필요한 것은?

 사실 돈에 가치가 없더라도 세뇌당한 사람들이 모두 돈에 가치가 있다고 믿으면, 돈은 힘을 갖게 되고 그것을 믿는 자들을 지배하게 된다. 그것이 바로 우상이다. 성서에서는 돈을 부의 신 "마몬"이라고 부른다.

 돈에는 사실 가치가 없지만, 마치 가치가 있는 양 사람들을 속이고 진실을 외면하게 만든다. 진짜 가치 있는 것은 돈 그 자체가 아니라, 돈을 지불하는 행위다. 정말 중요한 것은 돈이 아니라 의식주다. 돈을 지불하여 먹고, 마시고, 입고, 사는 것이다. 사막에서 길을 잃었거나 바다에 표류했을 때, 물이 담긴 페트병 하나는 값을 매길 수 없고 1억 원이라는 돈보다 귀중하다. 따라서 돈이 사라졌을 때 진정으로 필요한 것이 무엇인지 알 수 있다.

그렇게 생각하면, 결국 갖고 있는 돈은 필요 없는 돈이라는 사실을 알 수 있다. 필요한 것이나 진정으로 원하는 것이 있으면 그 돈은 이미 썼을 테니 말이다. 그래서 모아 둔 돈은 사실 필요 없는 돈이다. 조금 더 너그럽게 말하자면, 필요 없고 급하지 않은 돈이라고 할 수 있다. 반면, 그 돈이 있으면 필요한 것이나, 없어서 곤란했던 것을 얻을 수 있는 사람도 있다. 그렇다면 필요 없는 돈은, 그게 없어서 곤란한 사람에게 넘기는 것이 합리적이라는 것이다.

원래 돈이라는 건 그런 목적 때문에 있는 것이다.

곤란한 사람이 무엇을 필요로 하는지는 사람마다 다르다. 배가 고파서 삼각김밥을 원하는 사람이 있는가 하면, 추워서 따뜻한 옷이 필요한 사람도 있고, 병에 걸려서 약이 필요한 사람도 있다. 배가 고파 삼각김밥이 필요한 사람 앞에, 남아도는 삼각김밥을 가진 사람이 우연히 나타나는 경우는 거의 없다. 그래서 무엇이든 원하는 것으로 바꿀 수 있는 돈이 발명된 것이다. 이것이 바로 실용성은 없고 사용 가치도 없는, 화폐의 교환가치라 불리는 것이다.

하지만 공상 속 인간의 욕망을 자극하는 자본주의가 발달하면, 현실의 사용 가치는 잊히고 환상 속의 교환가치가 점점 커진다. 전자신호가 돈의 주인공 자리에 올라서고, 지폐는 조연 자리로 밀려난 21세기에는 특히 더 그렇다. 1조 원을 가진 것과 9,999억 원을 가진 것은 실제로 아무런 차이도 없다. 둘 다 쓰지도 않을 쓸모없는 돈을 셀 수 없을 만큼 가진 바보일 뿐이다.

사실 목이 마른 상황에서 맛있는 물 한 잔을 마시는 것이 현금 1억 원을 받는 것보다 더 기쁜 것은 당연하다. 그러나 자본주의에 세뇌당한 우리는 큰돈을 받으면 기뻐하지만, 값싼 물건은 아무리 중요해도 당연히 얻을 수 있는 것으로 여기기 때문에 감동을 하지 않게 되었다.

2007년 7월 1일에 홀로 살던 남성이 "삼각김밥을 먹고 싶다"라는 유언을 남기고 자택에서 숨진 채 발견된 사건이 있었다. 돈이 사라지면, 정말 필요한 것은 돈이 아니라 삼각김밥이라는 걸 알 수 있다. 앞서 말했듯이, 그는 여전히 세뇌에서 완전히 벗어나지 못한 채 편의점에 가면 삼각김밥을 실컷 먹을 수 있다는 생각을 미처 하지 못했기 때문에 굶어 죽게 된 것이다. 정말 필요한 사람에게 필요한 것을 주는 것은 사실 간단한 일이 아니다. 그렇게 하려면 평소에 어려운 사람들이 없는지 주변을 살펴봐야 한다. 인간은 기본적으로 생활 수준이 비슷한 사람끼리 어울린다. 어려운 사람들에게 필요한 것을 전하려면, 평소에 어려운 사람들을 걱정해야 한다. 그러기 위해서는 어려운 사람들을 알고, 그들에게 도움을 주는 사람들이 누구인지 알아야 한다.

그렇게 하지 않으면 어려운 척하는 사기꾼들이나 진짜 어려운 사람들을 이용해 먹는 자들에게 속아 재산을 몽땅 잃고 끝날 수도 있다.

전자는 난민을 가장하는 쿠르드인이나 아프가니스탄인을 예로 들 수 있고, 후자는 유엔난민기구^{UNHCR}를 예로 들 수 있다. 물론 실제로 도움이 필요한 쿠르드인과 아프가니스타인도 많고, 그들을 돕는 사람들도 많다. 하지만 그 사실을 알려면 평소 쿠르디스탄이나 아프가니스탄의 정세를 지켜볼 필요가 있다.

쿠르드인이나 아프가니스탄인은 극단적인 사례다. 국내에서도 마찬가지다. 평소 어려운 사람들을 돕는 기부에 신경 쓰지 않으면, 빈곤 비즈니스에 휘말려 낭패를 볼 수도 있다. 정말로 도움이 필요한 사람들에게 돈이 가도록 하려면, 필요한 곳으로 돈이 활발히 흐르는 커뮤니티에 참여하는 것이 필수다. 또한, 미래에 불안을 느낀다면, 필요하지도 않은 돈을 쌓아 두기보다는 최대한 많은 돈을 기부할 수 있도록 관련 커뮤니티와 인연을 맺어야 한다.

돈으로 돈을 사고, 돈을 낳게 하는 상술

"돈을 모으지 마라"라는 말은 개인의 문제로서도 진리이지만, 거시적 사회, 그러니까 국가 수준에서 봤을 때의 문제가 더 심각하다. 경제가 내리막길을 구르듯 점점 떨어지고 있는 원인은 돈이 필요한 곳으로 흐르지 않기 때문이다. 얼핏 반대로 보일 수도 있다. 2022년부터 고등학교에서는 주식과 투자신탁 같은 금융상품 사는 법을 가르치는 재테크 교육이 시작되었다. 재테크는 돈을 순환시키는 확실한 방법이지만, '돈은 돌고 돈다'라는 돈의 본래 기능인 교환이나 유통과는 정반대의 움직임이다. 오늘날 국가가 나아가고자 하는 방향은 어려운 사람이나 돈이 정말 필요한 사람에게 공급하는 것이 아니라, 남는 돈을 이용해 수익성이 있어 보이는 곳에 투자하는 쪽이다. 인간이 인간과 엮여 물건을 만들고 소비하는 현장이 아니라, 수익표의 숫자만 보고 값이 오를 것 같은 곳에 돈을 쓰는 것이다. 즉, 돈으로 돈을 사고, 돈을 만들게 하는 상술이다.

이것은 남아도는 물건을 필요한 곳으로 보내는 것이 아니라, 돈만 허공에서 맴돌며 거품을 키우는 버블경제다. 이런 재테크를 하면 단기적으로 돈벌이가 되는 기업으로 흘러간다. 그리고 단기적으로 돈을 버는 가장 안이하면서도 쉬운 방법은, 시간이 오래 걸리고 결과도 불투명한 발명에 투자하는 것이 아니라, 지출을 줄이기 위해 구조 조정을 하고 월급을 삭감하여 인건비를 줄이는 것이다. 그 결과, 기업이나 일부 벤처기업의 자산은 불어난 반면, 노동자의 임금은 계속 줄어들었다. 하지만 노동자를 버린 결과는 컸다. 가난해진 노동자들은 소비력이 점점 떨어졌고, 경제 발전을 떠받치던 중산층의 내수 시장이 위축되었다. 그 때문에 박리다매로 인한 디플레이션이 고착되어 임금 삭감과 가격 하락이 맞물린 악순환이 이어지면서, 오늘날 공업 기술력과 무역 분야의 국제 경쟁력이 약해지는 결과를 초래한 것이다. 이것은 고전적인 마르크스주의적 이론으로 설명할 수 있는 자본주의의 궁핍화 현상이다.

정보를 팔아먹으려고 자기계발 세미나를 여는 곳들은 이런 조언을 한다. 여행이나 취미에 돈을 쓰면 인생에 윤기를 더하고 더 알찬 인생을 보낼 수 있다. 돈으로 가사 대행 서비스를 이용하면 시간을 절약하고 효과적으로 활용할 수 있다. 친구나 가족과 식사하고 여행하면서 돈을 쓰면 인간관계를 깊게 다질 수 있다. 해외여행에 돈을 쓰면 이색적인 문화나 다른 가치관을 접하며 시야를 넓혀 자기 성장의 기회를 늘릴 수 있다. 적당히 돈을 쓰면 기분 전환이 되고 돈에 대한 스트레스가 줄어들어 심신의 건강을 유지할 수 있다. 하지만 이렇게 독도 약도 아닌 조언들과 달리, "돈을 모으지 말라"라는 말은 바로 이런 의미인 것이다.

돈 같은 거 다 줘버리자

돈은 모으지 마라. 버는 건 좋지만 모으면 안 된다. 가진 돈은 아낌없이 써라. 그리고 가장 좋은 것은 보답을 바라지 않고 그것을 필요로 하는 사람이나 어려운 상황에 놓인 이들에게 아낌없이 줘버리는 것이다.

사기를 당해도 문제없다

바로 얼마 전에 아프가니스탄에서 친하게 지냈던 사람이 "학교를 시작했는데 돈이 없어서 어려운 상황이니까 어떻게 좀 해줘"

라는 메일을 보냈길래, 기부도 조금 하고 트위터에서도 모금을 해서 보냈다. 아프가니스탄으로는 송금하기도 어려워서 국내에 있는 그의 친구라는 사람 계좌로 돈을 보냈다. 보통은 여기서 끝이다. 그 후에 돈이 잘 쓰였는지, 학교는 어떻게 됐는지는 물어보지도 않는다. 그러나 이번에는 다른 사람들에게 모은 돈이기도 해서, 활동 상황이라도 알 수 있도록 사진을 보내달라고 메일을 보냈다. 하지만 묵묵부답이었다. 메일만 주고받았을 뿐이니 그 사람이 정말 아프가니스탄에 있는지조차 알 수 없다. 무책임해 보일 수도 있지만, 그 후로는 그의 사정이니까 더 이상 추궁하지 않았다. 그냥 그랬다는 것이다.

　내가 아는 사람이 곤란한 상황에 놓여 도움을 청하면, 가능한 범위 내에서 도와줄 수 있을 경우에는 도와준다. 사실 돈보다는 물품을 보내는 게 더 좋지만, 앞서 소개한 이야기에서는 아프가니스탄에 물품을 보낼 수 없어서 돈을 기부한 것이다.

　이런 이야기를 하면, "사기당하면 어쩌려고 그러느냐"라는 질문을 종종 받는다. 하지만 결국 사기를 당하더라도 그건 그거고, 나를 속인 사람을 재판하는 것은 신의 책임이기 때문에 나와는 상관없는 일이라 알아보지도 않는다. 알아보려면 시간이 걸리니까, 그런 의미에서는 시간을 아끼는 셈이다. 아는 사람 중에 곤경에 처한 사람이 있으면 가능한 범위에서 돕는다. 하지만 애초에 큰돈이 없으니 사기를 당해봤자 대수롭지 않은 금액이다.

또한, 돈을 타인에게 나눠주는 행위가 사실 자기 자신에게도 많은 이익을 가져다주기도 하고, 돌고 돌아 다시 돌아온다. 어떤 사람들은 돈을 써서 타인을 돕거나 기쁘게 하면 인생이 풍요로워진다고 생각하지만, 아니다. 기본적으로 준 돈은 사라지고 그걸로 끝이다. 감사를 받을 수는 있어도 보답을 기대하는 시점에서 잘못된 것이다.

가진 자의 의무와 책임

결국 돈은 없으면 빌려달라거나 나눠달라는 말을 들을 일도 없고, 부러움의 대상이 될 일도 없으니까 차라리 없는 게 낫다. 갖고 있어 봤자 좋을 일은 별로 없다. 그래서 사실은 돈을 받지도 주지도 않는 게 가장 좋다. 이것은 매우 논리적인 생각이다.

이슬람에서는 돈, 지식, 지위처럼 넓은 의미에서 '힘'을 가진 사람은, 그에 걸맞게 의무가 더 늘어난다. 즉, 힘이 있는 사람에게는 남을 돕는 의무가 따르는 것이다. 다만, 그 의무가 무제한적인 것은 아니다. 이슬람법에서는 '자카트(정재淨財, 희사)'라고 하여, 자신의 자산 중 2.5%를 기부하면 된다고 규정하고 있다.

의무는 오직 2.5%이며, 그 이상은 본인의 마음에 달려 있다.

인기 만화『귀멸의 칼날』(고토게 코요하루, 슈에이샤)에서도 "약한 자를 돕는 것은 강하게 태어난 자의 책무입니다. 책임을 갖고 이루어야 할 사명인 것이지요. 부디 잊지 마시길"이라는 대사가 나온다.

자격증을 따자

 이슬람에서는 인간이 모두 평등하다고 보지 않는다. 인간성에 있어서는 평등할지라도, 그 외의 측면에서는 차별이나 구별이 있는 것이 당연하다고 본다. 타인을 똑같이 취급하는 것은 잘못되었다. 이를테면 장애인 고용 제도처럼 비장애인과 구분하여 고용하는 방식이 존재하듯, 동일한 대우를 적용할 수 없는 사람들을 따로 취급하는 것은 당연한 일이다.
 애초에 이슬람에서는 모든 것을 신의 소유라고 여긴다. 예를 들어 우리는 흔히 '내 손'이나 '내 발'이라고 말하지만, 이 모든 것이 신이 만든 것이며 신에게서 받은 것으로 생각하는 것이 기본이다. 따라서 내가 손을 가진 것도 신이 정한 일이요, 설령 태어날 때부터 손이 없더라도 그것 역시 신이 정한 일이다. 이러한 관점에서 장애가 있거나 가난하게 사는 것 또한 신이 정한 일이기 때문에 그 사실을 딱히 부끄러워할 필요는 없다. 마찬가지로 능력 역시 신이 부여한 것이므로 능력이 높은 사람이 낮은 사람보다 더 나은 성과를 내고, 일을 할 때도 더 많은 일을 한다. 따라서 부유한 사람이 가난한 사람에게 돈을 나눠주는 것도 자연스러운 일이다. 유럽에서는 귀족이 무거운 의무를 가진다는 '노블레스 오블리주'라는 개념이 있는데, 이슬람에서도 강한 자가 약한 자를 돕는다는 생각이 몸에 배어 있다.

이집트에서는 사람들이 길거리에서 구걸하는 이들에게 조건반사적으로 돈을 주는 것도 이러한 문명의 힘이라고 생각한다.

따라서 사회보장제도가 갖춰진 나라에서는 장애가 있다면 당당하게 장애인 수첩을 발급받고, 가난하다면 생활 보호를 받으면 된다. 장애 연금과 생활 보호가 제도화되어 있으니까, 이를 받을 수 있는 장애나 가난이라는 자격은 괜히 이상하게 돈 벌려고 만들어진 쓸모없는 자격증을 따는 것보다 훨씬 편리하다.

가난하다면 생활 보호를 통해 생활비나 의료비, 주거비 등을 지원받아 기본적인 생활을 유지할 수 있다. 장애 연금은 장애로 인해 일을 할 수 없거나 노동 능력이 떨어지는 사람들에게 일정한 수입을 보장하는 제도이며, 이를 취득하면 장애가 있는 사람도 더 안정된 생활을 보낼 수 있다.

 또한, 이슬람에서는 돈도 포함해서 '가진 자'의 책임이 무거워진다. 가난한 사람보다 유복한 사람이 더 큰 책임을 지듯, 일을 할 때도 능력이 뛰어난 사람이 그렇지 않은 사람보다 더 무거운 책임을 진다. 이는 능력도 신이 부여한 것이므로 개인의 소유가 아니라고 여기기 때문이다. 따라서 장애가 있거나, 돈이 없거나, 능력이 부족한 것은 모두 어쩌다 보니 그렇게 되어 있는 것뿐이다. 자신이 할 수 있는 범위 내에서 일하고, 그 이상은 하지 않는다. 그런 상태에서 편리한 자격은 따 두어야 더 편하게 살 수 있다.

바보는 뭘 해도 괜찮다

 그러고 보니 예전에 알던 일본인 이슬람교도로부터 얼마 전에 메일이 왔다. 사실 귀찮아서 차단했던 사람이었는데, 메일까지는 차단하지 않았다. "좋아하는 여자가 생겼는데, 그 사람을 위해 기도해도 괜찮을까?"라고 영문을 알 수 없는 질문을 하길래, "넌 바보니까 뭘 해도 괜찮아. 이번 생에는 뿌리는 대로 거둘 수도 있겠지만, 다음 생에는 용서받을 거야. 당장 이번 생에 어떻게 될지 난 책임 못 지지만"이라고 답장했다. 참, 별것도 아닌 걸로 고민하는구나 싶었다.

이슬람에는 여러 규정이 있지만, 모든 규정은 책임 능력이 없는 사람은 면책된다는 전제를 바탕으로 성립한다. 『코란』에도 "신은 누구에게나 그 능력 이상의 것을 부과하지 않는다."(2장 286절)라고 명시되어 있다. 즉, 지적 능력이 부족하여 선악을 이해하지 못하는 사람은 책임 능력이 없기 때문에 최후의 심판에서 용서를 받는다. 또한 이슬람 학자 티르미디(892년 사망)가 전한 예언자 무함마드의 말에도 이렇게 기록되어 있다. "정신장애인은 이해 능력이 생길 때까지 책임을 면제받는다." 그래서 바보는 뭘 해도 용서받는 것이다.

하지만 용서는 최후의 심판에서 이루어지는 것이기 때문에 이번 생에서 어떤 일이 벌어질지는 내 알 바 아니다. 만약 살인을 저지르면 사형이나 무기징역을 받을 테니, 그게 싫다면 안 하는 게 낫다. 들키지 않을 자신이 있다면 해봐도 상관없지만, 어떤 결과가 나오든 그 책임은 전적으로 자신의 몫이다.

상담 이야기로 돌아가자면, 이교도를 좋아하게 되어 그 여자를 위해 기도하는 것은 법에 위배되는 것은 아니니 아무런 문제가 없다. 하지만 스토커 짓을 하거나 성범죄를 저지른다면, 바보이기 때문에 최후의 심판에서는 용서를 받을지도 모른다. 다만, 이

번 생에서는 경찰에 잡혀 감옥에 갈 수도 있으니 안 하는 게 낫다는 이야기이지, 그 이상도 이하도 아니다. 다들 참 쓸데없는 일로 고민하는구나 싶다. 이렇게 얘기하면 더 이상 할 말이 없지만 말이다.

STEP 7

다시 배울 생각 마라

 이상한 자격증에 돈을 쓰는 사람도 바보지만, 요즘에는 나라에서 '리스킬링'이니 뭐니 하면서 다시 배우기를 장려하는데, 그런 말에 휩쓸려 공부를 시작하는 사람도 대부분 바보다. 그런 이유로 시작할 공부라면, 지금 당장 그만두는 게 낫다. 애초에 무언가를 배우려는 사람이라면, 타인이 배우자고 말하기 전에 이미 자발적으로 시작했을 것이다. 누가 추천해서, 일에 도움이 될 것 같아서, 돈을 더 벌 수 있을 것 같아서. 이런 이유로 하게 된 공부를 과연 기억이나 할까?

 애초에 기억도 못 할 일을 무리해서 할 필요는 없다. 어학 학습이 좋은 예다. 여러분도 중학교와 고등학교에서 영어를 배웠을 텐데, 그때 배운 내용을 지금도 기억하는 사람이 얼마나 될까? "장래에 영어는 할 줄 아는 게 좋지"라는 말을 듣고 배우기 시작했는데, 실제로 영어 대화가 가능해졌다는 사람은 극히 드물 것이다. 어른이 되고 난 후에 영어 학원이나 유학에 큰돈을 들였어도, 정작 일상에서 통 쓸 일이 없어 다 까먹었다는 사람들 천지다. 뭐, 그게 인간이지만 말이다.

 나도 해외에서 10년 넘게 살았고, 2년 동안은 대사관에서 외교관 흉내를 내며 국제회의에도 참석했다. 다부토울루 전 튀르키예 총리 같은 인물들과 영어로 여러 번 토론도 했지만, 그럼에도 영어로 된 영화를 보면 겨우 20% 정도밖에 알아듣지 못한다. 그런 법이다. 사바나 증후군처럼 특수한 경우를 제외하면, 사람은 외운 것을 까먹는 동물이다.

 어학을 예로 들어서 하나만 더 얘기하자면, 아주 평범한 사람이 어학 능력을 키우려면 '잊어버리는 것보다 더 많이 외우기'밖에 방법이 없다. 소쿠리로 물을 퍼 올리는 것과 비슷한데, 소쿠리에 묻은 소량의 물방울이라도 열심히 긁어모으면 마른 목을 축일 한 잔은 얻을 수 있다. 그 정도의 양을 소화하려면 그에 상응하는 노력이 필요하지만, 뭐, 이 이야기를 했다고 해서 하던 걸 그만둘 정도라면 애초에 시작하지 않는 게 낫다. 무슨 일이든 '배움'이란 그런 것이다.

암기할 것의 수를 줄여라

 잊어버리는 것보다 더 많이 외우려면, 최대한 외울 것을 줄이는 것이 중요하다. 너무 어렵다고 해서 간단한 걸 고른답시고 관심도 없는 읽을거리부터 손에 들어 괜히 먼 길을 돌아가지 말고, 비록 어려워도 처음부터 알고 싶은 분야만 콕 집어서 읽어보는 것이 결국 현실적으로 어학을 잘 사용할 수 있는 지름길이다. 쉽게 말하자면 인간의 기억력에는 한계가 있다. 무리해서 전부 다 기억하려고 하다 보면 스트레스가 쌓이고, 효율적인 학습이나 생활이 불가능해지는 것이다.
 '잊어버려도 되는 정보'와 '잊어버리면 안 되는 정보'를 구분하지 못하는 사람도 있을 것이다. 이런 사람들은 보통 '외워야 할 정보에 우선순위를 매기고, 디지털 도구와 손 메모를 조합해 정보를 정리하며, 하루 동안 외워야 할 내용과 소요 시간을 정하고, 때때로 휴식을 취하면서 정보를 흡수하는 것이 중요하다'고 조언할 것이다. 하지만 그래도 잊어버릴 건 잊어버린다는 사실을 염두에 두는 것이 중요하다. 그러면 잊어버렸다고 해서 일일이 풀이 죽을 일도 없다.

노인은 학생을 가정교사로 고용해라

최근에는 평생을 일만 하며, 일이 삶의 낙이라고 호언장담하던 노인들이 정년퇴직 후에 자기계발이라는 명목으로 새로운 공부에 도전하는 움직임도 많은 모양인데, 그렇게 한다고 해서 도움이 되기는커녕 오히려 민폐일 뿐이다. 이미 노화되어 낡은 몸을 계발한들 무엇이 달라지겠는가. 종교란 본래 인간의 욕망을 끊고 만족함을 아는 것이야말로 정신의 평온을 가져온다고 가르친다. 젊을 때는 어쩔 수 없이 식욕과 성욕이 따르고, 비록 바보라 할지라도 노인보다는 앞으로 성장할 가능성이 더 크다. 배우는 것에 의미가 있을 수도 있고, 그것을 써먹을 기회가 있을지도 모른다.

하지만 노인의 경우, 배움은 단순한 자기만족일 뿐이다. 결국 죽고 나면 그 지식도 함께 사라진다. 살 날이 길지 않은 노인이 무언가를 배운다고 해도, 그 지식을 그저 지옥까지 가져갈 뿐이다. 물론, 순수한 취미로 혼자 공부하는 것은 나쁜 일이 아니니 나무랄 이유는 없다. 하지만 그게 마치 엄청난 일이라도 되는 양 환대하는 것은 큰 착각이다. 하물며, 그로 인해 젊은 사람들의 입학 자리를 빼앗거나, 젊고 우수한 인재들에게 돌아가야 할 교사의 시간을 빼앗게 된다면, 그것은 범죄라고 불러도 좋을 정도의 죄악이다.

노인이 점점 늘어나는 시대에 기업은 이들에게 물건을 팔지 않으면 꾸려나가기가 어려운 상황이다. 그래서 '늦깎이 공부'라는 그럴듯한 표현을 내세워 노인들의 돈을 끌어 모으는 것뿐이다. 부추기는 쪽도, 거기에 응하는 쪽도 결국 바보 같지만, 자본주의 시스템 아래에서는 어쩔 수 없다. 저출산으로 인해 재정난에 빠진 대학들이 '평생 교육'이라는 명목으로 정년퇴직한 사람들을 받아들이고 있는 것도 정말이지 바보 같다.

그래도 배우고 싶다면, 젊고 가난한 학생을 가정교사로 고용하는 편이 낫다. 그들에게 돈을 주고 배우면, 젊은이들은 가르치면서 자기 공부도 되고 수입도 얻을 수 있어 일석이조다. 노인 입장에서도 당장 사회에 공헌할 기회가 생기는 셈이다. 괜히 대학에 들어갔다가 교육 관련 공무원들 배만 불리는 것보다 훨씬 낫다.

자식을 키워야 할 의무는 없다

 육아에 시달리는 부모가 많다고 하고, 최근에는 부모와 아이의 관계가 종종 화제에 오른다. 하지만 아이는 놔둬도 스스로 자란다.

 나는 철학자라서 극단적인 예부터 생각하는데, 아이는 태어날 때 '자유'를 부여받으면 결국 죽을 수밖에 없다. '어느 나라 언어로 말할 것인가?'를 선택할 수도 없고, '무엇을 먹을 것인가?'를 결정할 수도 없다. 자유가 주어진다면 오로지 죽음만이 있을 뿐이다. 그렇기 때문에 교육을 할 수밖에 없다. 이런 이야기에서 시작해봤을 때, 부모가 가르치지 않으면 아이는 살아갈 수 없으니까 결국 인간에게는 태어나면서부터 자유라는 것 자체가 존재하지 않는다는 뜻이 된다.

 어릴 때 나는 아널드 게젤의 『늑대에게 길러진 아이』(가정교육사, 1967년) 같은 책을 많이 읽었다. 하지만 지금은 그 책의 내용이 거짓이라는 주장도 있다. 그 사례를 검증할 방법은 없지만, 일반적인 관점에서 보면 늑대에게 길러진 아이가 반쯤 늑대처럼 자랐다는 것은 사실이다. 〈모노노케 히메〉도 마찬가지다. 몇 살까지 그런지는 알 수 없지만, 어린 시절을 동물과 함께 보내면 일정 부분 동물적인 성향을 띠기 때문에 인간 사회에 완전히 적응하기는 어려워진다. 아무튼 상당 부분까지는 교육 받은 대로 자라는 건 어쩔 수 없다. 적어도 현재 인간의 생물학적 조건이 바뀌지 않는 한, 아이를 자유롭게 내버려 두어서는 안 된다. 만약 영화 〈매트릭스〉처럼 인간이 계속 잠에 빠져 있고, 공상 속에서 원하는 모든 욕망이 이루어지는 세계가 온다 해도, 영유아는 누군가에게 가르침을 받지 않으면 애초에 어떤 욕망도 가질 수 없다.

 결국 인간은 영유아기 때부터 누군가에게 세뇌를 당해야만 비로소 인간이 될 수 있다. 현대 세계관은 가치 상대주의를 기반으로 하기 때문에 절대적으로 옳은 것이란 존재하지 않는다. 그래서 누구나 자신이 좋아하는 것이라면 뭐든지 아이에게 가르쳐도 된다는 잔혹한 결론에 도달하게 되는 것이다. 지금의 세상에서는 결국 권력을 쥔 다수파의 의견이 통용된다는 것뿐이며, 그것조차 하나의 유행일 뿐이다.

'싫으면 버려라', 그러면 학대는 줄어든다?

그런 부분까지 파고들어 생각했을 때, 세상에는 학대나 방임을 일삼는 나쁜 부모가 많지만, 동시에 아이를 보호하는 시설도 분명히 존재한다. 그렇다면 '아이를 성가시고 귀찮게 여기는 부모라는 차라리 아이를 버리면 된다'라는 주장도 가능하지 않을까? 보통 학대하는 부모 입장에서 아이란, 먹이고 입히고 학교에 보내느라 돈이 들고, 밤에는 울어대어 시끄럽고, 좁은 집에서 자리만 차지하는 민폐 덩어리일 뿐이다. 하지만 부모라는 이유만으로 집에서 키워야 한다는 생각에 화가 치밀어 올라 학대로 이어지는 것이다.

그래서 만약 아이를 그렇게 싫어한다면, 차라리 버리는 게 나을 수도 있다. 그러면 부모는 기뻐하며 버릴 테니, 학대나 방임은 사라진다. 그래도 원래부터 자기 자식 남의 자식 상관없이 아이 자체를 증오하며 학대를 즐기는 사이코패스를 완전히 막을 수는 없지만, 세상에 완전한 유토피아란 존재하지 않으니 어쩔 수 없는 일이다.

현대사회에서는 초등학교에서도 부모가 당연히 존재한다는 전제가 사라지고, 가족의 형태 역시 다양하다는 가치관이 주류를 이루고 있다. 그렇다면 엄마든 아빠든 부모라고 해서 반드시 아이를 키워야 할 의무는 없다. 오히려 원하지 않으면 '버려라'라는 인식을 깨우쳐야 한다고 생각한다. 이러한 가치관이 일반적인 상식이 되면, 지금 문제시되고 있는 여러 갈등도 해결된다.

이런 이야기는 현대의 서구 가치관에 세뇌당한 여러분에게 얼핏 충격적으로 들릴 수도 있다. 하지만 냉정하게 생각해보면, 학대나 방임 속에서 자란 아이들을 진정으로 구제하고 싶다면, '아이는 버려도 된다'는 인식을 깨우쳐 그 가치관이 다수의 지지를 받을 수 있도록 해야 한다는 이야기다.

실제로 버려진 아이를 어떻게 할 것인지는 그다음 문제다. 식사나 의복, 주거 같은 물질적인 지원은 부모 이외의 친척, 친구, 이웃 주민, 그리고 아동 보호 시설이나 그 직원들이 제공하는 등, 정부나 지역사회가 아동 보호 시설, 입양 제도, 포스터 케어 Foster care(가정에서 양육하지 못하게 된 아이를 입양 부모가 일시적으로 수양부모가 일시적으로 양육하는 제도)를 비롯한 사회 구조를 탄탄하게 정비할 필요가 있을지도 모르겠다.

가족을 더 소중히 여기자

그래도 대부분의 포유류와 마찬가지로, 인간에게도 선천적으로 아이가 귀엽게 느껴지는 감정이 프로그래밍되어 있다. 그러나 이런 감정을 타고나지 않은 사람들도 존재한다. 다시 말해, 본능적으로 부모로서의 애정을 갖지 못했지만, '부모는 아이를 길러야 한다'는 사회적 통념 때문에 아이를 버리는 것에 저항감을 느끼는 사람들이 있고, 이것이 문제다.

연애도 자유, 결혼도 자유, 아이를 낳을지 말지도 부모의 자유라면, 아이를 키울지 말지도 부모의 자유라고 해야 논리적으로 맞지 않을까? 하지만 이런 방식으로는 사회가 온전히 유지되기 어렵다고 주장하려면 가족을 더 소중히 여길 줄 알아야 하는데, 지금처럼 모든 자유를 무조건 허용하는 방식은 틀렸다. 자유를 허용하려면 원치 않는 아이를 억지로 키우는 대신 자유롭게 버리도록 용납해야 하는데, 수미일관하지 않는 모순된 논리를 대충 둘러대고 있다. 결국 이도 저도 아닌 상태로 실패하는 것이다.

가족을 소중히 여기는 것은 그리 어려운 이야기가 아니다. 부모는 아이를 키우고 아이는 부모의 말을 들으면 된다. 단지 그뿐이다. 다만, 부모 역시 평범한 인간이기에 반드시 따라야 할 이유는 없다. 따라야 하는 것은 전통이며, 전통은 곧 신화이니까 결국에는 신의 가르침과 연결된다. 하지만 대부분은 거기까지 도달하기도 전에 사고가 멈춰버린다. 뭐, 그런 이야기다.

요리를 하자

 나는 집에서 책을 쓰는 것이 일이기 때문에 생각이 막혀 벽에 부딪힐 때가 있는데, 그럴 때는 요리를 한다. 혼자 살림을 하다 보니 요리라고 해봤자 간단한 것들뿐이지만, 기분 전환도 되고 돈도 아끼면서 약간의 창의성도 발휘할 수 있어 딱 좋다.
 그리고 살다 보면 당연히 배가 고프다. 어차피 먹어야 할 거라면 일석이조 아닌가. 만든 요리는 사진을 찍어 트위터에 자주 올리는데, "맛없어 보인다"라며 무례한 댓글을 다는 사람도 있다. 그런데 난 어차피 미각 장애라 잘 모른다.

요리는 〈어제 뭐 먹었어?〉를 보며

　요리에 참고한다면 드라마 〈어제 뭐 먹었어?〉를 추천한다. 다른 곳에서도 이야기했지만, 나는 일본 드라마는 불륜 소재 빼고는 거의 다 보는데, 이 작품도 TVer로 전부 챙겨 보고 있다. 원작은 『오오쿠』 등 인기 작품을 다수 작업한 요시나가 후미 씨가 쓴 만화인데, 드라마에서는 극 중 게이 커플을 니시지마 히데토시 씨와 우치노 세이요 씨가 연기했다.

　게이 커플의 일상 식탁을 중심으로 이야기가 전개되는데, 여기 나오는 요리를 보고 따라 만들기도 한다. 다시마나 가다랑어의 산지까지 따지는 미식 소재의 작품과 달리, 이 드라마에서는 양념도 모두 저렴한 슈퍼에서 특가 판매 때 사 온 페트병 인스턴트 국물로 해결한다. 신선도는 따질 필요도 없고, 유통기한이 얼마 남지 않아 반값 스티커가 붙은 상품을 찾는 게 삶의 낙이다. 그런 소소한 것들까지 합쳐서 소박한 서민들이 요리하는 즐거움이 담겨 있다. 특별한 식재료나 조리법 없이 누구나 쉽게 따라 할 수 있어서 매력적이다. 추천한다. 〈어제 뭐 먹었어?〉의 레시피는 인터넷에도 많이 올라와 있으니, 관심 있는 분들은 '어제 뭐 먹었어 레시피'로 검색해보기 바란다.

　이제 앞으로는 요리를 더 깊게 파고들어 즐기는 것도 괜찮을 것 같다. 예를 들어 제철 식재료를 사용하거나 세계 각국의 특정 요리들을 만들다 보면, 전 세계의 식문화를 접할 수 있다. 여러 나라나 지역의 요리를 시도하면서 새로운 식재료와 조리법을 만나고, 그 과정에서 본인의 요리도 폭이 넓어질 수 있을 것이다. 그런 후에는 조리 기구나 식재료를 따지면서 요리하는 것도 괜찮을 것 같다. 솜씨를 더 높이고 싶다면 요리 교실에 다니는 것도 방법이겠지만, 이런 책을 읽는 사람들은 기본적으로 소통에 어려움이 있을 수 있으니 괜한 사람들과의 접촉은 피하는 게 무난할 듯하다.

복잡하면 단순 작업을 해라

머리를 써야 하는 업무나 작업을 오래 하다 보면 누구나 속도가 제자리걸음인 순간을 맞이한다. 그럴 때는 억지로 생각을 이어가려고 해봐야 별 소득이 없다. 고민도 마찬가지다. 아무리 머리를 싸매고 생각해봐도 답이 나오지 않을 때는 덤덤하게 손을 움직여보자. 나는 청소나 빨래를 싫어해서 요리를 하는데, 이럴 때는 단순 작업이 최고다. 청소도 좋고 빨래도 좋다.

앞서 소개했던 〈아름다운 그〉의 히라 카즈나리는 편의점 케이크에 밤을 얹는 아르바이트를 한다. 그는 원래 일안 리플렉스 카메라로 사진을 찍는 취미가 있었고, 결국 사진가가 된다. 하지만 소통에 어려움도 있는 탓에 케이크에 밤을 올리는 단순한 작업을 할 때 오히려 마음이 더 평온해진다. 그래서 괜히 묘한 승인 욕구에 마음이 흐트러질 일이 없는 단순 작업을 하는 것이 행복하게 사는 비결이기도 하다.

 이런 단순 작업 속에서 조금이라도 의미를 찾아낼 수 있다면 가장 좋을 것이다. 사람들은 보통 자신만의 업무나 개성, 독창성 같은 것들에서만 의미를 찾으려 하기 때문에 쓸데없는 고민이 생긴다. 사실 개성이니 독창성이니 하는 것들은 환상이다. 그런 존재하지 않는 것들에서 의미를 찾고 따지려 하다 보니 괜한 고민만 쌓여 이상해지는 것이다. 히라는 사진가가 꿈이지만, 재능에 대한 자신감도 없고, 그로 인한 압박감에서 벗어나기 위해 편의점 케이크에 밤을 올리는 단순 아르바이트를 한다. 그리고 그 일을 해서 번 돈으로 기요이와 생활할 수 있다는 생각에 마냥 행복하다.

 불교에서는 인간적인 욕망에서 해방되고자 하는 것을 '수행'이라고 하는데, 구체적으로 무엇을 하는가 하면 단순 작업이다. 경내를 쓸고, 바닥을 걸레로 닦고, 매일같이 똑같은 일을 반복한다. 이는 자아를 초월하기 위한 행위다. 어떤 종교든 자아를 초월하고 욕망을 끊어내어 마음의 평온을 얻는 것을 궁극적인 목적으로 삼는다. 그런데도 정반대의 일에 의미나 가치를 찾으려 하는 바보가 너무 많다.

'나답게 사는 것이 중요하다.'
'남들과 다른 일을 하는 것에 가치가 있다.'
'내 머리로 생각하자.'
'인간만이 할 수 있는 일을 하자.'

이런 말을 하며 다가오는 바보들은 무시하자. 그런 것들은 모두 환상이다. 그런 말로 교묘하게 구슬려서 뭔가를 팔아먹으려고 수작 부리는 몹쓸 인간들뿐이다.

  요리든 다른 일이든 다 좋다. 매일 반복하는 단순 작업에서 의미나 즐거움을 발견할 수 있다면, 아등바등 일할 필요도 없고 자기 승인 욕구를 충족할 필요도 없어진다.

도시에 살자

나는 노인이라면 시골에 틀어박혀 쥐도 새도 모르게 죽음만 기다리는 생활을 추천하지만, 살고 싶은 젊은이들은 어찌 됐든 도시에서 살도록 하자. 일단 사람이 많으면 누군가의 눈에는 밟힐 테니 마음이 내키면 도움을 받을지도 모르고, 최소한의 의사소통만 하면 아무튼 살아가는 것은 간단하다.

흔히 이런 주제로 토론을 하곤 하는데, 인간의 동질성은 시골이 더 높기 때문에 그 안에서 잘 헤쳐 나가야 하는 경향이 있다. 도시에 비해 시골에서는 고맥락적인 커뮤니케이션이 요구되며, 성가신 인간관계 속에서 살아가야 하기 때문에 웬만큼 소통에 자신이 있는 사람이 아니면 피하는 게 낫다.

그에 비해 도시는 인구에 비례해서 다양한 인간이 사는 데다가, 서로 떨어져 있기 때문에 각양각색의 사람들이 편하게 살 수 있다. 너무 튀는 행동만 하지 않으면 눈에 띄지도 않고, 기본적으로 아무도 당신에게 관심을 가지지 않는다. 일본어를 못하는 사람도 최소한의 의사소통만 되면 도시에서 살 수 있다. '응'이나 '그거' 같은 몇 개와 약간의 돈만 있으면 가게에 들어가 물건을 사고 음식을 주문할 수 있으니 못 먹을 걱정도 없고, 남의 기분을 파악하지 못하더라도 도시에서는 살아갈 수 있다. 심지어 돈이 없어도 편의점에 가면 먹을 게 넘쳐난다. 도시에 살면 최소한 굶어 죽을 일은 없다.

일반론이지만, 도시에는 일할 곳이 많고 배울 기회도 풍부하기 때문에 다양한 사람을 만나거나 새로운 경험을 할 기회가 시골보다 많다. 여러 기업과 직종이 밀집해 있어 취직과 이직의 기회도 많다. 또한 창업을 하거나 프리랜서로 일하기에도 쉬운 환경이 다져져 있다. 더불어 대학이나 전문학교, 어학교 등 폭넓은 교육 기관이 모여 있기 때문에 시골에 비해 무언가를 배우고 싶을 때 접근이 쉬운 환경도 갖추어져 있고, 무엇보다 인프라가 잘 정비되어 있어서 자가용이 없어도 어디든 쉽게 이동할 수 있다. 이처럼, 시골에 사는 사람들은 도시로 나오면 새로운 인생을 시작할 수 있을 것이다.

『사채꾼 우시지마』를 읽자

다만, 새로운 인생의 출발이 무조건 좋은 점만 있는 것은 아니다. '부자가 되겠다'거나 '성공하겠다'는 희망을 품은 젊은이가 그 틈을 노린 인간들에게 속아 나락으로 떨어지는 이야기는 현실에 남아돌 정도로 넘친다.

내가 보기엔 속이는 쪽이 바보라면, 속는 쪽도 바보다. 여러 번 강조했지만, 분수를 모르는 인간은 분수를 아는 지렁이만도 못하다. 애초에 '부자가 되겠다'거나 '성공하겠다'는 야망을 품은 사람은 '지금은 부자가 아니지만, 언젠가는 부자가 될 수 있을 거야' 혹은 '지금은 아직 성공하지 않았지만, 노력하면 성공할 수 있을 거야'라고 생각하기 마련이다. 하지만 '부자'도 '성공'도 결국 외부의 평가일 뿐, 그것을 기준으로 '나는 이렇게 되어야만 해'라고 믿는 것 자체가 어리석은 사고방식이다.

여기까지 읽어도 잘 모르겠다는 사람은 『사채꾼 우시지마』(마나베 쇼헤이, 쇼가쿠칸)를 읽어보길 바란다. 예를 들어 만화책 30권부터 '프리 에이전트'라는 에피소드가 시작되는데, 도쿄에 사는 한 남성 파견사원이 돈에 눈이 멀어 SNS에서 '부자이자 성공한 사람'을 자칭하는 인물에게 속는 이야기를 다뤘다. 쉽게 말하자면 정보 상인을 이용한 다단계 상술에 빠지는 사람들의 모습을 그렸는데, 이런 일은 현실에서도 반복적으로 벌어진다(요즘에는 시골에서도 트위터나 유튜브를 통해 외부 정보가 쉽게 들어오는 시대라, 최근에도 이런 정보에 속아 도쿄로 올라온 시골의 한 고등학생이 곧장 '불법 아르바이트'에 발을 들였다가 목숨을 잃은 사건이 발생했다).

고향 최고?

지금까지 한 이야기와 모순되는 것처럼 보이기도 하는데, 평생 출신지인 고향에서 즐겁게 사는 방법도 있다. 인기 만화 『고향 최고!』(usagi, 사이즈샤) 29화 '영원한 친구'에서는 주인공 샤넬과 친구 치히로의 이런 대화가 나온다.

치히로: 그러고 보니 초등학교 3학년 때 우리 반 반장이었던 유키나 말이야, 자전거 잔뜩 훔쳐서 달아났대.
샤넬: 뭐!? 벌써 이번 달 들어서 친구가 사라진 게 세 번째야."
치히로: 최근에 위험인물이 출소했다는 소문도 있고 조직에서 나간 야쿠자들도 늘어나는 추세라고 하던데, 점점 세상이 뒤숭숭해져…….
샤넬: 뭐, 괜찮을 거야! 우리한테는 든든한 선배가 많잖아!

치히로: 그렇지, 좋은 친구와 선배들에게 둘러싸여 있으니까 우린 참 행운아인가 봐!

샤넬: 맞아! 우리 고향이 무조건 세계 최고지!

읽은 적이 없는 사람은 잘 모르겠지만, 『고향 최고!』의 배경인 '고향'에서는 마약, 강도, 상해, 특수 사기, 도박 등 온갖 범죄가 만연하여 도저히 치안이 좋다고는 말할 수 없는 곳이다. 주인공 샤넬도 세상에 눈을 떴을 때부터 불법 범죄 집단에 막내로 들어가 허드렛일을 한다. 그녀들은 의무교육조차 제대로 받지 못했지만, 그녀들 나름대로 행복하게 산다. 매일 사람들 시선을 신경 쓰고 회사에서는 상사에게 설설 기고, 개인적으로 만나는 친구에게도 다 맞춰주고, SNS에 올린 게시물에 '좋아요'가 달리냐 마냐에 따라 일희일비하는 인간이 과연 샤넬보다 행복할까?

결국 '행복'이란 환경이나 그곳의 가치관에 크게 의존한다. 하지도 못하는 것을 할 수 있다고 착각하고 '이대로 있으면 안 돼'라는 강박관념에 사로잡혀 지내는 상태가 가장 불행하다.

도시의 매력과 주의점을 이해하고, 자신에게 맞는 생활을 보내는 것이 중요하다. 도시의 새로운 경험을 통해 자신의 분수를 알고, 그에 맞게 살아가는 것이 행복이다.

JU☍P

비교는 금물 1
- 질투와 선망을 구분해라

사람은 무엇을 하든지 가족이나 주변 친구 등 매우 좁은 집단에서 강한 영향을 받고, 그 집단의 가치관이나 행동 양식을 기준으로 삼는다. 이러한 집단을 사회학에서는 '준거집단'이라고 한다. 결국 자신의 자리나 행복은 그 준거집단 안에서 정해지는 것이 현실이다.

예를 들어 도쿄대생의 경우는 준거집단인 도쿄대생 안에서 자신을 평가한다. 외부에서 보면 도쿄대생은 자기 평가가 높겠구나 싶지만, 도쿄대생의 자기 평가 기준은 주변에 있는 도쿄대생들이기 때문에 '일반 도쿄대생'이라 해도 자기 평가는 높아지지 않는다. 그들은 도쿄대에 들어가기 전, 특히 초등학생 때는 우등

생에 자기 평가도 높았던 사람들이 대다수다. 그런데 막상 도쿄대에 들어가면 자기보다 뛰어난 사람이 수두룩하기 때문에 충격을 받는 사람이 많다. 나는 중학교부터 고등학교까지 명문 사립학교에 다니긴 했지만 거기서 뒤처지는 학생이었다. 그래서 도쿄대에 들어가긴 했지만 재수한 문과 3류(도쿄대는 성적에 따라 문과 1, 2, 3류와 이과 1, 2류로 나뉘는데, 숫자가 뒤로 갈수록 합격 커트라인이 낮다. 문과 1류는 법학부, 문과 2류는 경제학부, 문과 3류는 교육학부와 문학부-옮긴이)라서 열등감으로 가득 차 있었다. 그래도 초등학생 때는 공부를 곧잘 했는데, 선생님 눈 밖에 나는 바람에 성적은 나쁘게 나온 탓에 원래부터 자기 평가는 낮았지만 말이다.

따라서 특히 입시 고등학교(입시에 특화된 학교_옮긴이) 출신이 아닌, 오로지 자신의 노력만으로 도쿄대에 들어간 사람은 입학 후에 주변 사람들이 능력도 뛰어나고, 애초에 문화 자본부터 다르기 때문에 점점 주눅이 든다. 엘리트 회사원도 마찬가지다. 그들도 해당 집단 내에서 경쟁하며 살아가기 때문에, 세상 밖에서는 성공한 사람처럼 보일지라도 대부분 콤플렉스를 안고 살아간다. 이 세상에 진정으로 만족하는 사람은 거의 없다.

어려운 이야기는 아니다. 야구를 좋아하는 아이는 야구부에 들어가 후보 선수가 되면 풀이 죽겠지만, 수영장에서 헤엄을 못 치거나 철봉 뒤돌기를 못하는 건 아무렇지 않다. 고시엔 단골 학교의 야구부원은 주전 선수가 된다 하더라도, 정작 고시엔에 출전하지 못하면 평생 그 일을 마음속에 묻고 살아가기도 한다. 프로야구 선수는 야구를 좋아하는 아이들에게 동경의 대상일 수도 있다. 하지만 프로야구 선수라는 준거집단 안에서 2군 생활만 하다 선수 생활을 마친다면, 그 선수는 자신을 패배자라며 비관할 것이다.

앞서 소개했지만, 고향을 떠난 적 없는 소녀들은 자신들이 무지한 탓에 불행한 상황을 겪든지 말든지 상관없이 '고향 최고!'만 외치는 『고향 최고!』라는 만화도 있다. 이는 반대로 보면, '고향을 떠난 적이 없고 불행한 상황을 계속 겪는 젊은이'라는 준거집단 안에서는, 보통 사람들이라면 불행하다고 생각할 법한 환경 속에서 문제가 생기더라도 여전히 행복해할 수 있다는 좋은 사례다. 사회학 교과서를 읽는 것보다 『고향 최고!』를 읽는 것이 100배는 더 도움이 될 테니, 부디 한번 읽어보기를 바란다.

질투와 선망을 구분하라

이슬람에서는 '질투'를 '하사드'라고 하며, 이를 상당히 악한 것으로 여긴다. 그와 반대로 '부러워하다'는 말은 '기부트'라고 써서 구분하는데, 대략적으로 말하자면 '타인을 부러워하는 것은 괜찮지만, 그 사람이 그것을 잃기를 바라는 것은 나쁜 일'이라는 의미이다. 이처럼 '하사드(질투)'와 '기부트(선망)'를 구분해서 이야기하겠다.

이슬람교도도 인간이기에 각양각색의 취향이나 취미를 가졌다. 이를 가치관이라고 칭해도 좋다. 예를 들어 야구처럼 실없는 취미를 부러워하는 것은 어쩔 수 없지만, 라이벌이 아프거나 다치라고 악담이나 저주를 퍼부으면 안 된다는 이야기다.

또한 이슬람에서는 좋은 일이란 신이 만족하는 것이라고 가르친다. 원래 이슬람교도의 모임에서는 그들의 가치관도 이슬람의 가르침에 따라야 한다. 인간에게는 승인 욕구라는 것이 있다. 남에게 인정받고 칭찬받고 싶은 마음이다. 이 천성적인 인간의 감정을 바탕에 두고, 이슬람은 그 승인 욕구가 신에게 향하도록 한다. 오로지 신이 인정해주고 '잘했다'는 칭찬을 해주기만 한다면, 이 세상 모든 사람에게 이해받지 못하고 오해받고 미움 받고 조롱당하고, 심지어 범죄자 취급을 받아 감옥에 가고 처형을 당하더라도 웃을 수 있다는 것이다.

따라서 이슬람교도가 준거집단이라면, 누구나 신이 만족하길 바라기 때문에 타인의 평가와 세상의 눈을 신경 쓰지 않게 된다.

하지만 실제로는 그렇지 못하는 경우가 많다.

 이슬람의 가르침이라고는 하지만, 신이 직접 아이들에게 '이것 해라', '저것 해라'라고 가르쳐주는 것은 아니다. 이슬람교도들도 처음에는 부모에게 말을 배우고, 그런 다음 친구들과 놀거나 같이 공부하면서 이슬람을 배워 나간다. 따라서 모스크나 마드라사(이슬람 학교) 같은 곳에서 선생님에게 이슬람을 배우는 학우나 형제 제자를 준거집단으로 삼아 이슬람을 공부하는 경우, '신에게 칭찬받는 사람이 되어라'라는 것을 말로 배운다. 돈이 없어 곤경에 처한 사람에게 돈을 베푸는 것도, 코란이나 이슬람 법학을 공부하는 것도, 예배를 하는 것도 모두 신을 기쁘게 하기 위해 하라는 것이다. 그러나 그것은 겉으로만 그렇고, 실제로는 그 준거집단 안에서의 평가가 중요해진다는 것이 보통이다. 학교에서 하는 도덕 수업과 같다. 선생님도 학생도 겉치레로만 부르짖을 뿐, 실제로는 스쿨 카스트 내 준거집단의 가치관을 내면화해 간다. 그래서 이슬람 학교의 학생들도 선생님에게 칭찬받기 위해, 혹은 학우에게 이기기 위해 남을 돕고 이슬람 공부를 하고 많은 예배를 한다. 또는 세상에 훌륭한 이슬람 선생이라는 인식을 주고 싶어 하거나, 대학 교수가 되어 출세하고 싶거나 부자가 되고 싶다는 생각을 하며 공부하게 된다.

 '선생님에게 칭찬받고 싶다'거나 '훌륭한 선생이라는 인식을 세상에 주고 싶다'는 이유로 이슬람 공부를 하거나 예배, 희사, 단식 등에 힘쓰는 것만 해도 잘못됐는데, 동료 선생이나 학우를 끌어내리고 본인이 더 올라가려고 하면 악에 또 다른 악이 겹치는 셈이 된다.

 이처럼 논리적인 토론을 거듭해도 질투의 감정은 좀처럼 사라지지 않는 법이지만, 하지 않는 것보다는 나을 것이다.

비교는 금물 2
- 절대로 이루지 못할 꿈을 가져라

 이 책에서 여러 번 반복해서 언급했듯이, 이슬람은 우리가 가졌다고 생각하는 모든 것은 신에게 부여받은 것이라고 가르친다. 그것은 돈이나 권력뿐만이 아니라 집안이나 태생, 신체, 그리고 20~21세기 사이에 태어난 사실, 아니, 지금 우리가 숨 쉬고 있는 공기가 산소 약 20%와 질소 약 80%로 이루어져 있으며 기온은 섭씨 -40~+40에도 이른다는 것까지 전부 신이 부여해 준 것이다. 개인이 혼자서 얻어낸 것은 무엇 하나 없다.
 돈, 사회적 지위, 정치적 권력, 신체 능력, 지능, 기능이나 지식까지 모든 것은 신이 내려주신 것이며, 그것들은 단지 신을 기쁘게 만들기 위해 올바르게 사용하라는 신의 명령을 받은 것이다. 따라서 부여받은 것들을 신의 명령대로 올바르게 사용하지 않으면, 다음 세상에서 지옥에 떨어지는 징벌에 처할 만하다고 여기는 것이다.

언제 어디서든 '한 일'은 부족하다

 이슬람은 권리가 아닌 의무와 책임을 기준으로 생각한다. 가진 자는 그것을 올바르게 사용할 책임과 의무가 생긴다. 인간은 평등하지 않다. 힘 있는 자에게는 그만큼 무거운 책임이 있으며, 그것은 최후의 심판에서 따져 묻게 된다. "너는 힘을 가졌으면서도 그 의무를 다하지 않았구나", "너는 그 힘을 가지고 좋은 일을 할 수 있었는데 어째서 하지 않았느냐?" 이런 말을 듣게 되는 것이다. 그래서 이런 생각을 평소에 가지면, 자신에게 없는 것을 타인이 갖고 있다고 해서 부러워하는 마음을 애초에 가지지 않게 된다.

 하지만 그 능력을 바르게 사용했는지 아닌지는 본인도 모르고, 오직 신만이 알 수 있기 때문에 어렵다. 예를 들어 '그때 5,000원이라도 나눠줬으면 그 사람은 살았을지도 모르는데' 같은 말을 하기 시작하면 끝이 없는 것이다. 그래서 누구든지 언제 어디서든 '한 일'은 부족하다. 게다가 옛날이었으면 '모른다'로 끝났을 일이 이제는 인터넷이 발달해버린 탓에 '모른다'로 끝나지 않게 되었다. 예를 들어 우크라이나에서 많은 사람들이 전쟁으로 인해 목숨을 빼앗겼고, 미얀마, 예멘, 수단에서도 내전으로 많은 이들이 목숨을 잃었으며, 내전을 피해 유럽으로 가려는 사람들로 꽉 들어찬 밀항선이 침몰하여 많은 난민이 물에 빠져 죽었다. 옛날이라면 '몰랐는데 어떻게 해'라는 변명이 통했지만, 지금은 그게 통하지 않는다. 신이 '그렇게 돈이 많으면서 왜 아무도 도와주지 않았느냐'고 물어도, 옛날이라면 '못 봐서, 몰라서'라고 대답했을 텐데, 이제는 그런 변명도 할 수 없게 되었다.

우리는 인터넷 덕분에 에어컨 빵빵한 집에서 SNS로 전 세계의 풍경을 보고, 자동번역기를 사용해 실시간으로 전 세계 사람들과 채팅을 하며, 전 세계의 영화, 드라마, 노래를 보고 듣고, FX나 주식 투자로 어마어마한 부를 얻기도 한다. 그러나 형편이 좋을 때만 글로벌화의 혜택을 누리고, 세계의 빈곤과 부정, 고통받는 사람들, 괴롭힘을 당하는 사람의 존재는 외면한 채 살아가는 건 용납될 수 없다.

현대는 인간이 원래 짊어져야 할 것보다 훨씬 큰 힘을 가지게 되어버린 시대이다. 하지만 대부분은 자신의 권리만 주장하고, 큰 힘을 갖게 됐을 때 큰 책임이 따라온다는 생각은 하지 않는다. 그것이 현대 인류의 가장 큰 문제다.

타인과 다른, 절대 이루지 못할 꿈을 가지자

나는 원래부터 타인과 다른 소원을 가지고 있었기에 딱히 남을 시기할 부분이 없었다. 하지만 한창 연구자로 활동할 때는 그럭저럭 그런 감정을 느꼈다. 지금이야 이렇게 책을 내기도 하지만, 이슬람학은 참 소박한 학문이라 나 역시 계속 수수한 학자로 지내왔다. 내가 학생이었을 때는 나보다 몇 살 더 많은 세대에서 아사다 아키라와 같은, 이른바 뉴 아카데미즘이 유행했고, 그래서 또래들이 논단에서 활약했다. 그런데 나는 고전학을 공부하던 터라 하루에 몇 줄밖에 읽지 못하는 데다가 내용 자체도 매우 따분한, 그런 학문을 계속 해왔다. 그런 소박한 학문을 연구하다 보니, 젊은 나이에 논단의 풍운아가 되어 반짝반짝 빛나는 세상이 참 부럽고, 어느 정도는 샘이 난다고 해야 할까, '계속 이 일을 해도 괜찮은 건가?' 하는 초조한 마음은 들었다.

다만, 앞서 언급했듯이 자신만의 목표나 꿈이나 뭐든 상관없는데, 그런 것을 갖고 있으면 비교가 무의미하다.

또한, 나이가 들었다는 사실을 솔직히 인정하는 것도 중요하다. 젊은 사람들과 자신을 비교하며 젊어지려고 애쓰는 노인들이 많은데, 참 보기가 힘들다. 그렇게 해봤자 어차피 용모, 체력, 지력 모두 쇠퇴하는 것을 피할 수 없고, 시기의 차이는 있을지언정 결국엔 모두 죽는다.

 옛날이라면 은거하면서 그저 햇볕이나 쐬고 하루 종일 경전을 읽으며 살다 죽기를 기다리기만 해도 괜찮았던 사람들이, 일이니 안티에이징이니 정말 쓸데없는 데 신경을 쓰고 있다.

 아무래도 무의식적으로 자신을 타인과 비교하는 일은 있지만, 가진 만큼 큰 책임이 따른다는 사실을 이해하고, 남과 다른 소원이나 꿈을 가지는 것이 중요하다.

 '지위가 높으면 의무가 따른다'는 '노블레스 오블리주'의 사고방식이 유럽에도 있다. 아마 신을 믿지 않더라도 누구나 이해할 수 있는 사상이 아닐까.

개성 따위 필요 없다

　세상은 저마다 각기 다른 '개성'을 가지라고 강조하며, 그것이 사회 안에서 어떤 위치를 차지하고 어떤 가치를 지니게 되는지 결정한다. 또한 개성은 자기표현의 일환이고, 개개인의 유니크함을 나타낸다. 이는 현대인이 중요시하는 가치관 중 하나지만, 동시에 불행의 원흉이 되기도 한다.

　그러나 사실 '개성이 중요하다'는 가치관은 근대 서양의 세속적인 자본주의사회의 이데올로기이며, 현대인은 모두 거기에 세뇌되어 있다. 하지만 다들 하나같이 개성이 중요하다느니, 주체를 가지라느니, 자신의 머리로 생각하라느니 말로만 이야기하면서, 사실은 스스로 생각하지 않으며 전부 자신의 생각인 줄 착각하고 있다는 점, 그리고 개성도 전혀 없다는 점이 문제다. 얼핏 보면 각자 다른 일을 하는 것처럼 보이지만, 다들 '개성이 중요하다'란 말에 세뇌당해서 '개성적인 삶'이라는 유행을 따르고 있을 뿐이다.

결국 모두 똑같은 가치관의 소유자이며, 개성이란 조금도 없다. "자신의 머리로 생각하라"라는 말을 듣고, '그렇구나, 내 머리로 생각해야겠다'고 생각한 사람은 "부모 말대로 살아라"라는 말을 들어도 '그렇구나, 부모님 말대로 살아야겠다'고 생각한 사람과 다를 바 없다. 둘 다 자신의 머리로 생각한 것이 아니라, 교사나 세상, 또는 인플루언서의 말에 휘둘리고 있을 뿐이다.

내가 봤을 때, 개성이나 자기실현이라는 것 자체가 필요 없다고 해야 할까, 그게 중요하다고 생각하는 것 자체가 틀렸다. 내가 개성을 필요 없다고 생각하는 이유 중 하나는, 개성이라는 개념이 사회적인 비교로 이어지기 때문이 아니다. 다시 말해 타인과 자신을 비교하고, 그 결과를 자기 평가의 기준으로 삼게 되면 자기 긍정감이 낮아질 수 있기 때문이 아니라는 말이다. 개성을 필요 없는 것으로 여기면, 타인의 평가에 좌우되지 않고 자기만족을 추구함으로써 진정한 자기실현을 이룰 수 있기 때문이라는 이유도 물론 아니다.

애초에 인간은 어쩔 수 없이 준거집단 안에서 타인과 비교하게 되는 생물이며, 그 자체는 받아들여야 한다.

  내가 하고 싶은 말은 '개성', 그리고 그와 함께 '내 일은 내가 스스로 정한다'라는 가치관이 현대인들에게 지극히 당연한 일처럼 여겨지지만, 그 생각 자체가 매우 새로우며 근본적으로 틀렸다는 사실이다. 왜냐하면, 자신이라는 존재는 애초에 타인의 주장이나 타인과의 관계성 속에서 성립되기 때문이다. 이러한 점은 인간의 개체 발생에서도 말할 수 있고, 신화적으로도 말할 수 있다. 이게 바로 내가 여기서 전하고 싶은 가장 큰 메시지이다.

모든 것은 운

  애초에 나를 중심에 놓고, '나는 살아 있을 가치가 있다', '내 욕망이 충족될 필요가 있다'라고 생각하는 것은 전혀 과학적이지 않다. 과학적으로 인간은 다른 동물과 똑같이 태어나서 죽을 뿐이며, 강한 자가 살아남는다. 여기서 강한 자는 단순히 힘이 강하다는 뜻이 아니라, 종으로서 살아남는다는 뜻이다. 사자는 강해 보이지만, 나이가 들어 다리가 약해지면 먹잇감을 놓쳐 굶어 죽는다. 약하다는 것이다. 작아도 촐랑촐랑 돌아다니며 어디든지 숨을 수 있는 쥐가 훨씬 더 강하다.

지렁이 역시 눈도 귀도 코도 없고, 적에게 몸을 지킬 손이나 발, 이빨, 엄니도 없다. 그럼에도 대운석이 떨어져 공룡이 멸망한 후, 빙하기를 지나며 살아남은 고대생물이다. 인간보다 훨씬 더 강한 종이라고 할 수 있다.

요컨대, 과학적으로는 환경에 적응해 무리를 지어 살면서 자손을 남기는 종이 강하고 살아남는 종이며, 그래도 운이 나쁘면 멸망한다. 그뿐이다. 인간뿐만 아니라 산불이나 운석을 만나면 살아남을 수 있는 생물은 없다. 곰벌레(완보동물, 물곰이라는 표기도 많이 쓰인다-옮긴이)는 운이 좋으면 살아남을지도 모르지만. 그래도 곰벌레가 부럽고 샘난다고 하는 사람은 별로 없다. 인간은 보통 곰벌레를 준거집단으로 치지 않기 때문이다.

살아 있는 생물은 권리가 있어서 살아 있는 것이 아니고, 죽은 생물 역시 살 권리가 없어서 죽은 것이 아니다. 또한 산 자가 뛰어나고 죽은 자가 뒤떨어지는 것도 아니거니와, 선량한 인간이 살아남고 사악한 인간이 죽는 것도 아니다. 결국 개체가 죽는 것과 사는 것, 종이 존속하고 멸망하는 것도 모두 운에 달렸을 뿐이고, 마지막에는 개체뿐만 아니라 어떤 생물종이든 우주의 멸망보다 훨씬 더 빨리 멸망하고 끝난다. 그러므로 다른 모든 생물과 마찬가지로 누구나 살 권리는 없는 대신, 죽어야 할 이유도 없다.

인간도 마찬가지다. "도움이 되지 않는 약자는 죽어야 한다"고 말하는 신자유주의자는 틀렸다. 그것은 아무리 도움이 되지 않는 약자에게도 살아갈 가치가 있으며, 인간은 누구나 살 권리가 있기 때문이 아니다. 사실 어떤 인간이든 도움이 되는 존재는 아니며, 누구에게나 살아 있을 가치가 있는 것도 아니다. 살 권리가 있어서 사는 것이 아니라, 그냥 어쩌다 살아 있으니까 사는 것뿐이다. 애초에 돈을 많이 버는 사람이 가치 있는 것이 아니라, 도움이 되는 것은 그가 가진 돈이다. 마찬가지로 정치인이나 고위 관료, 대기업 CEO에게 사람들이 몰리는 것도 그 사람 자체 때문이 아니라 그들의 지위 때문이다.

그 사람이 없어지면, 누군가 그 자리를 대신 메울 뿐이다. 자칭이나 타칭 '크리에이터'라 불리는 사람들은 대체 불가하다고 여길 수도 있다. 하지만 대체 불가한 것이란 애초에 필요 없는 것, 도움이 되지 않는 것이다. 없어도 전혀 문제가 없다. 실제로 나는 그들이 사라져도 아무런 문제가 없을뿐더러, 사라졌다는 사실조차 눈치채지 못할 테니 이건 확실하다.

사람들은 도움이 된다느니 생산성이 높다느니 떠들지만, 결국 모두 죽을 테니 전부 다 소용이 없다. 오히려 생산성이 높다는 사람들은 더 많은 자원과 에너지를 소비하기 때문에, 지구 환경의 관점에서 생각하면 오히려 해로운 존재다. 애초에 광합성도 불가능하고, 산소를 소비하면서 이산화탄소를 배출하는 인간은 생산성이 낮을뿐더러, 도움은커녕 유해무익한 존재일 뿐이다.

생명윤리적으로 보면, 진정한 생산 활동을 하는 존재는 광합성을 통해 산소를 배출하여 생명을 자라게 하는 식물뿐이다. 대량의 천연자원과 에너지를 소비하고 이산화탄소를 방출하여 무수히 많은 생물종을 파괴해 온 '인류' 나부랭이가 '생산성'을 입에 올리는 것 자체가 주제넘은 일이다.

인류 전원에게 살아갈 가치도 권리도 없다

그러니 "나에게도 살아갈 권리가 있다", "나는 인권을 유린당하고 있다"며 '내가, 내가' 하고 핏대를 세워 큰소리칠 때가 아니다. '살아갈 가치도 권리도 없고, 생물로서 유해무익한 내가 어쩌다 보니 이렇게 살아 있네', '어차피 뭘 해도 해로운 존재라면, 지금까지 변변찮게 살아온 것처럼 앞으로도 그냥 이렇게 살아가면 되는 거구나' 하고 받아들이는 것이 이치에 맞고, 이치에 맞는 삶을 살아야 마음이 편할 것이다.

'나만 그런 게 아니라 다른 사람들도 살아갈 가치나 권리 없이 변변찮은 존재인 건 매한가지인데, 어쩌다 이렇게 태어나서 짧은 인생을 허무하게 살다가 다 같이 버둥거리며 죽겠구나' 하고 생각하면, 타인에게도 조금은 짠한 마음이 들지도 모르겠다. 뭐, 나는 타인에게 관심이 없어서 그런 감정조차 들지 않지만, 그래도 '왜 나한테 상처 주는 말을 해?'라거나 '네가 뭔데 내가 하고 싶은 일을 못 하게 해?'라며 질투와 분노로 애태우는 것보다는 정신적으로 건강한 태도라고 생각한다.

바라면 바랄수록 불행해진다

SNS를 들여다보면 "너 때문에 내가 불행해졌다"라는 책임 전가의 말이 넘쳐난다. 그럴 때마다 나는 '그래서? 그게 뭐 어쨌다고? 네가 불행한 건 네가 바보니까 그런 거지. 앞으로도 계속 바보처럼 불행하게 살든지, 똑똑해져서 행복해지든지 나랑은 아무 상관이 없는데?'라는 생각이 든다. 그런 말을 해봤자 시간 낭비라는 걸 알기에, 전혀 그런 말은 하고 싶지 않다. 하지만 요즘 젊은 세대는 점점 목소리가 커지는 모양이다.

오늘날 더 가난해졌다?

예를 들어 젊은이가 연장자에게 "너희들 때문에 우리가 더 가난해졌어. 내가 돈이 없는 건 이 사회를 만든 너희 세대 때문이야!"라고 말하는 장면도 자주 눈에 띈다. 뭐, 일정 부분 우리 세대가 바보였기 때문에 지금 이 사회가 몰락하고 있다는 점에 대해선 100% 동의하고 변명의 여지가 없다.

하지만 그렇다고 해서 젊은이들의 그런 주장이 '옳다'고는 전혀 생각하지 않는다. 물론 우리가 젊었을 때만 해도 사회적으로 들뜬 분위기였다. 당시 일본은 미국의 부의 상징이었던 맨해튼의 록펠러 센터(1989년)와 세계 최고의 고층 건축물로 유명했던 엠파이어스테이트 빌딩(1991년)을 매수하여 '미국 전역이 외국 자본에 팔릴 것'이라며 호언장담까지 했다가, 결국 미국의 역린을 건드려 몰락했다(록펠러 센터도 엠파이어스테이트 빌딩도 다시 헐값에 되팔아야 했다).

또한 일본은 아시아에서 돈과 여성으로 부패한 정부에 아첨하며 이권을 챙겼고, 현지 노동자를 착취하며 헐값에 자원을 사들여 일본 제품을 쏟아냈다. 그 당시 아시아 세계에서 살았던 나는 일본이 이코노믹 애니멀(국제 사회에서 경제적 실리만 추구하는 일본을 비유하는 말-옮긴이)이라며 조롱당하고 매도당하는 모습을 외부에서 무책임하게 '남의 일처럼' 보고 있었다.

그 이후에도 우리 세대는 어리석은 짓을 반복했고, 그 결과가 바로 현재의 일본이다. 아시아 여러 나라에 온갖 경제 지표에서 하나둘씩 추월당했고, 이런 우리의 어리석음은 숨기려야 숨길 수도 없다. 나는 패트리엇으로서 한탄스럽고, 그저 부끄러울 따름이다.

하지만 우리 세대는 어리석게도 부모 세대가 패전 후 해외의 식민지를 모두 잃고 허허벌판이 된 본토에서 악착같이 일해 쌓은 일본의 부를 탕진했다. 가난했던 부모의 유산을 아무런 노력 없이 상속받았는데도 어리석게 다 써버린 바람에, 우리 아이들 세대에게는 가난한 일본을 물려주게 되었다. 정말이지 최악이다.

흑백텔레비전, 세탁기, 냉장고가 '삼종신기'라 불렸던 것이 1950년대 후반이다. 나는 1960년생이니, 우리 세대는 부모 세대보다 훨씬 더 편리하고 여유로운 생활을 당연하게 누렸다고 할 수 있다. 1960년대에 등장한 에어컨은 초중고는커녕 대학에서도 보기 힘들었다. 그 당시 도쿄대에도 교실에 에어컨이 설치되어 있지 않았고, 4층에 이슬람학 연구실이 있었는데 엘리베이터조차 없었다. 컴퓨터가 보급되기 전, 처음 구입한 워드프로세서의 모니터는 한 줄밖에 표시되지 않아서 있으나 마나였다. 졸업 논문도 수료 논문도 손으로 쓸 수밖에 없었다. 물론 인터넷도 휴대전화도 위성방송도 없었다.

 일본이 가난해졌다는 것은 현시점에서 다른 나라들과 비교한 상대적인 평가다. 우리의 젊은 시절과 비교하면, 현재 젊은이들의 삶은 꿈처럼 풍요롭고 편리하다. 부모 세대가 몰랐던 텔레비전, 세탁기, 냉장고를 우리가 당연하게 사용하며 살아왔던 것처럼, 오늘날 젊은이들은 우리가 상상조차 하지 못했던 생활을 누리고 있다. 에어컨이 달린 방에 살고, 에어컨이 나오는 전철을 타며, 개인 스마트폰으로 친구뿐 아니라 인터넷을 통해 전 세계 사람들과 쉽게 연결된다. 또한 한 달에 만 원만 내면 전 세계의 드라마, 영화, 스포츠를 즐기고, 음악도 마음껏 들을 수 있는 시대에 살고 있다.

 망했다고는 하지만, 일본은 아직 고도성장기에 쌓아 둔 자산이 있다. 게다가 치안이 좋고 자연도 풍성하며, 아직 사회복지 시스템도 여전히 잘 작동하고 있다. 따라서 인류의 평균으로 보면, 일본에 태어난 것은 '출생 복불복'에서 운 좋게 주사위를 잘 굴린 셈이라고 할 수 있다.

 일본에 태어났다는 이유만으로 조상들이 쌓아 온 부를 누리고 우리나 부모 세대가 상상도 하지 못했던 여유롭고 편리한 생활을 마치 꿈처럼 보내면서도, '우리는 더 잘 살아야 할 권리가 있는데, 그러지 못하는 이유는 윗세대가 부와 권력을 부당하게 쥐고 놓지 않기 때문'이라며 책임을 전가하는 젊은이들을 이해할 수는 있다. 자본주의사회에서는 자신들이 만들어내지도 않은 것을 물려받는 것이 당연하다. 또한 자신보다 가난한 사람은 돌아보지 않으면서, 더 잘 사는 사람들만 바라보며 똑같은 생활을 하지 못하는 것이 불평등하고 부당하다고 생각하는 것은 결국 '인간에게는 권리가 있다'는 '인권' 사상이 곧 다다르게 될 종착점이다.

'길어야 마흔 전에는 정리하고 가는 것이 꼴사납지 않은 삶이리라'(『도연초徒然草』, 일본의 고전 수필)는 요시다 겐코의 말이다. 더불어 힌두교에서는 가족을 부양하는 책임을 지고 일하는 나이를 50세로 두고, 그 후에는 일, 지위, 재산, 가족까지 모두 버리고 마을을 떠나 은퇴생활에 들어가는 삶을 바람직하게 여긴다(임주기林住期).

'권리'나 '요구'를 주장하면 할수록 갈증은 더해진다

나는 인간에게는 살아갈 자격도 권리도 없다고 생각하고, 50세 정도 되면 재산과 권력을 모두 내려놓고 언제 죽어도 좋다는 마음으로 살다가 가는 게 좋다고 본다. 그래서 연금이나 의료나 사회복지 같은 노인 우대 제도는 모두 폐지해도 상관없다고 생각한다. 따라서 아무런 도움도 되지 않는 노인이 없어지면 좋겠다는 젊은이의 생각을 '염치없고 괘씸하다'거나 '그냥 추악한 르상티망일 뿐'이라며 도의적으로 비난하는 하찮은 일을 할 생각은 없다. 노인에게 감사하고 연장자를 존경하라는 말을 할 일도 없다. 애초에 현재 80세 이하의 노인은 전쟁에서 온갖 고초를 겪은 세대의 유산인 프리라이더로, 쌓아둔 부를 어리석게 탕진한 세대이니 말이다. 반복한다. 살아갈 가치도 권리도 없는 것은 당신뿐만이 아니라 모두 다 그렇다.

단지 아시아와 아프리카의 빈곤국에서 일하는 노예들, 또는 선진국에서 불법 체류를 하는 이민자들이 짊어지고 있는 3K(힘들고 더럽고 위험하다) 노동처럼 인권을 거스르는 일은 하지 않겠지만, 선진국의 문화적 혜택은 누리고 싶다. 그야 바라는 것은 자유지만, 경제적으로 불가능하므로 조만간 파탄이 나서 결코 실현될 일은 없을 것이다.

따라서 '인권'이라는 허상을 믿고 자신의 '권리'를 주장하는 한, 비록 그 요구가 통과되어 생활수준이 향상되었다 하더라도 그에 맞춰 준거집단의 수준이 올라가고, 요구 수준 역시 높아져 결국 또 새로운 불만이 생길 뿐이다. 마치 소금물을 마시는 것처럼 점점 더 갈증만 심해지는 셈이다.

우리 세대는 부모 세대가 꿈에도 생각지 못했던 '자유'와 물질적 풍요, 편리하고 쾌적한 생활을 아이 때부터 당연하게 누리며 살았다. 하지만 그것이 특별히 행복하다고 생각하지 않았다. 너무도 당연한 일이었기 때문이다. 그런데도 학교에는 에어컨이 없어 여름이면 찜통 같은 교실에 학생들이 바글바글 들어차 있었고, 통학길도 마찬가지였다. 에어컨 없는 만원 전철에 몸을 구겨 넣어야 했으며, 체벌은 일상적인 일이었다. 인터넷도 스마트폰도 없었고, 편의점이 처음에 생긴 것도 내가 중학생에서 고등학생으로 넘어가던 무렵이었다(1974년). 텔레비전에서는 '24시간 일할 수 있나요? ♬' 같은 광고가 자연스럽게 흘러나왔고, 지금이라면 '학문적 괴롭힘'으로 불릴 만한 갑질이 만연했다. 하지만 그때는 누구도 그것을 특별히 불편하거나 불행하다고 여기지 않았다. 그저 당연한 일상이었을 뿐이기 때문이다.

현재는 젊은이든 노인이든 생활보호를 받으며 살아가는 '사회적 최약층'조차도, 오다 노부나가나 도요토미 히데요시, 도쿠가와 이에야스보다 훨씬 더 자유롭고 풍요롭고 편리하며 쾌적한 삶을 살고 있다. 그럼에도 사람들은 팍팍함과 갑갑함을 호소하며 고립감에 사로잡혀 있다. 이는 인간의 행복이 자신이 속한 준거집단의 가치관과 자기평가의 기준에 따라 정해지는 상대적인 것이기 때문이다.

오늘날 우리는 '사회적 최약층'조차도 '객관적'으로는 인류 역사상 가장 쾌적한 삶을 살고 있음에도, SNS에는 공적이든 사적이든 불평불만이 넘쳐난다. 이는 준거집단 때문이다. 또한, 오늘날의 가치관과 자기 평가 기준이 인권에 기반을 두고 있으며, '나에게는 행복해질 권리가 있고, 내가 행복하지 않은 이유는 그 권리를 부당하게 방해하는 자가 있기 때문이며, 그런 자들에게서 권리를 쟁취하면 행복해질 수 있다'라는 사고방식 속에서 타인에게 책임을 전가하기 때문이다.

사실 우리에게는 '내 것'이란 게 아무것도 없다. 살아갈 가치도, 권리도 없다. 그냥 어쩌다 운 좋게 21세기 이 사회에 태어나 살아가고 있을 뿐이다. 돈도 지위도 가족도 건강도 언제 사라져도 전혀 이상하지 않다. 운석, 번개, 태풍, 지진 같은 천재지변이나 전쟁과 같은 인재도 마찬가지다. 자신뿐만 아니라 모든 인간에게 살아갈 가치나 권리는 없으며 어쩌다 보니 이 세상에 살고 있을 뿐이라는 진실을 직시하고 살면, 지금 손에 쥔 것들이 자신에게 얼마나 가치가 있는지, 혹은 없는지 알 수 있다. 그렇지 않으면 갈증은 해소되지 않을 것이다.

그런데 어쩌면, 이런 식으로 생각하는 내가 트위터 중독에 빠져 있을 뿐이고, SNS와는 인연이 없는『고향 최고!』에 나올 법한 기만적인 자유주의나 인권 사상에 오염되지 '건전한 젊은이'

라면 그런 환상을 갖지 않을 수도 있다. 이 걱정이 기우이고 그런 '건전한 젊은이'들이 다수라면, 언덕길을 굴러 떨어지듯 앞으로 국가적으로 가난해진다 하더라도, 분수에 맞는 '개발도상국' 국민으로서 나름대로 행복하게 살아갈 수 있을 것이다. 만약 이 나라가 미국, 중국, 러시아와 한국으로 분할되어 멸망하더라도, 분명 씩씩하게 살아갈 수 있을 것이다.

뭐, 『고향 최고!』를 읽고 나서 '이건 좀 아닌 것 같은데'라는 생각이 들었다면, 꾹 참고 이 뒤를 읽어보길 바란다.

자신은 타인이 결정하는 것

　우크라이나와 러시아의 전쟁으로 많은 사람이 목숨을 잃고 있다고 한다. 뉴스로 많이 다뤄졌지만, 죽은 사람의 수만 보면 그리 대단한 숫자는 아니다. 2차 세계대전에서는 5,000만 명이 넘게 죽었다. 뉴스로 보도되지 않는 중동전쟁에서도 많은 사람들이 목숨을 잃었다. 만약 러시아가 핵을 사용하면 1,000만 명 단위로 사람들이 죽을지도 모른다. 그래도 이 글을 읽고 있는 대부분의 사람들은 죽지 않는다. 그야 죽을 수도 있지만, 죽지 않는 사람이 압도적으로 더 많다. 객관적, 논리적으로 생각하면 그런 셈이다.

　지금 일어나고 있는 일('알고 있는 일'이라고 바꿔 말해도 좋지만)

을 직시하고 살아가는 방법 외에는 없다. 그래도 '나는 자유다'라거나 '내 머리로 생각한다'라는 착각에 빠지지 않을 수는 있다. 코로나 시대를 비롯한 최근 몇 년 동안, 인간은 페이크뉴스와 그렇지 않은 것을 구별하는 능력조차 없고, 증거가 있는 것이라곤 눈을 씻고 찾아봐도 없다는 사실을 알았다. 증거라고 불리는 것들은 그 어떤 것도 진짜 증거라 할 수 없다. 정치를 예로 들어보면 국가가 어렵다고는 해도 멸망하지도 않고 존속되고 있다.

결국 진실은 알 수 없다. 그렇다고 해서 딱히 진실을 알 필요는 없다. 인류는 유사 이전부터 그렇게 살아왔고, 인간 이외의 존재들도 그렇게 살아가다 그렇게 죽어갈 뿐이다.

인간은 주관적으로만 살아간다

이렇게 생각해보면 인간은 어리석다는 당연한 사실을 다시금 확인하게 될 뿐이지만, 그것만큼은 확실한 사실이다. 진정 본인의 머리로 생각한다는 것은 그런 것이다. 요컨대, '누군가가 말한 것'이나 '어딘가에 적혀 있는 것'을 믿지 않고, 자신이 보고 들은 범위 내에서 보이는 것만 믿는 것이다. 그러면 결국 알 수 있는 사실은 거의 없다는 결론에 도달한다. 그때 알 수 있는 사실은 자기 주변에서 일어나는 일뿐이다. 그러다가 자신이 살아가고 있는 것은 우연일 뿐이라는 사실을 깨닫는다. 아주 살짝 삐끗하기만 해도 죽을 수 있고, 1분 전에는 생각지도 못한 일이 일어나거나 1분 후에 자신이 무슨 생각을 할지도 알 수 없다. 그 증거로, 이 글을 읽고 있는 당신은 1분 전에 이 문장을 읽고 어떻게 생각할지 몰랐을 것이다. 게다가 1분 후에 무엇을 생각하고 있을지도 모른다. 결국 인간은 자신의 머리로 자유롭게 생각한다고 믿는 것일지라도, 그 시대의 편견일 뿐이었다는 사실을 알 수 있다. 다시 말해, 자유롭고 자립된 주체인 '자기'란 것이 확고하게 존재하는 것은 아니라는 사실을 알게 될 뿐이다.

신생아에게는 자아가 없다. 그저 뚝뚝 끊어진 감정들만 있을 뿐이다. 유아는 자신의 감각과 연동하는 몸의 움직임을 인식하고 나서, 비로소 외부와 구별되는 물리적/신체적physical인 '자기'에 눈을 뜬다. 그 혼란스러운 감각의 여건 속에서 일어선 '물리적/신체적 자기'는, 점차 '자기'와 구별되는 환경과의 관계, 대물적 및 대인적 상호 작용을 통해 '나의 음식'이나 '나의 엄마'와 같은 소유격을 사용하게 된다. 그렇게 '자기'를 점점 확장하여 자기 조직화를 이어나가는 것이다. 그리고 성장하면서 타인과의 의사소통을 통해 모두 다 같은 인간임을 깨닫고, 자신이 타인을 보고 있듯이 타인도 자신을 보고 있다는 사실을 이해하게 된다.

부모에게는 아이, 형제자매에게는 동생, 친구에게는 친구, 선생님에게는 학생 등 다양한 역할을 결합하여 자아가 형성된다. 이때 타인이 본 자신을 내면에 만들어냄으로써 세상에서 구별된 세계에 대한 '주체로서의 나', 그리고 세계 속에 다른 존재들, 특히 인간들과 함께 관찰되는 '객체로서의 나'가 동시에 형성된다.

타인의 시점을 내재화하면 인간 세계는 비약적으로 넓어진다. 자신의 눈으로 보면 근처의 풀꽃은 크고, 멀리 있는 산은 작게 보인다. 그러나 과거의 자신과 현재의 자신을 통합하여 그 산에 올랐던 과거의 내 시점에서 보면, 산은 크고 눈앞의 풀꽃보다 훨씬 더 큰 나무가 많이 자라 있다는 사실을 '객관적'으로 이해할 수 있다.

또한 타인의 시점을 내재화하면, 외국으로 여행 간 사람의 이야기를 들었을 때 그 사람이 본 광경을 마치 자신이 본 것처럼 상상할 수 있다. 또한 지리나 천문학, 수학을 공부해서 학자의 시점을 내재화하면, 자신뿐만 아니라 자신의 눈으로는 내려다볼 수 없는 지구 전체도 좌표를 통해 우주 속에 '객관적'으로 자리를 매길 수 있게 된다.

인간은 발달 과정에서 타인을 내면화하도록 프로그래밍되어 있지만, 결국 자신의 몸을 벗어날 수는 없기 때문에 어차피 '객관'은 '주관'에서 분화된 허구에 지나지 않는다. 결국 주관이 전부이며, 인간은 진정한 '객관'을 손에 넣을 수 없다. 원래 생물학적으로 인간은 물리적/신체적으로 가까운 사람의 시점만 내면화하도록 프로그래밍되어 있다. 환경도 문화도 언어도 다른 외국인의 시점을 내면화하기란 어렵고, 하물며 컴퓨터 같은 기계로 강화된 시점을 내재화하기란 불가능하다.

주관과 객관을 나눠 생각하기

자신에게 중요한 것은 첫 번째가 오로지 자신뿐이다. 주관적으로 중요한 것과 객관적으로 중요한 것은 다른데, 주관적으로는 일단 자기 자신이 중요하다는 부분에서 출발한다. 자신의 육체, 가까운 사람들, 또는 아는 사람들만이 원래 자신이 확인할 수 있는 인간이고, 예외도 있겠지만 많은 사람들이 소중히 여기는 것이기도 하다. 그들 이외의 인간은 객관적인 존재다.

이 두 가지는 완전히 다른 이야기다. 얼마 전까지만 해도 코로나로 세상이 시끄러웠는데, 객관적으로는 보면 그다지 큰 문제는 아니었다. 이제 와서 결과론적으로 말하는 게 아니라, 나는 오래전부터 일본의 인구가 1,000만 명, 2,000만 명 줄어든다고 해도 상관없다고 생각했고, 그렇게 말해왔다. 다만, 그 1,000

만 명, 2,000만 명이 모두 아이들이라면 인류는 멸망할 테니 큰일이다. 그런데 똑같이 인류가 멸망하면 안 된다는 입장을 취하더라도, 이 1,000만 명, 2,000만 명이 노인이라면 문제될 게 없다. 그보다는 지금처럼 인구가 과도하게 많아서 자원이 부족한 상황이라면 '오히려 좋다'고 해야 하지 않을까 싶다. 하지만 1,000만 명이나 2,000만 명이 코로나로 목숨을 잃은 정도로는 인구 증가를 막기는커녕, 언 발에 오줌 누기일 뿐이라는 것이 가감 없는 진실이다.

하지만 주관과 객관은 다르다. 객관적으로 노인은 머지않아 죽을 테고, 지금 당장 죽는다 하더라도 나라나 인류 입장에서는 전혀 문제되지 않는다. 그러나 '나는 죽기 싫다'거나 '내 친구나 가족이 죽는 건 싫다'는 주관적인 감정은 그 자체로도 모순이 아니다. 주관적인 감정과 객관적인 사실을 명확히 구별하고, 이해하면 되는 것이다.

이처럼 주관과 객관을 명확히 구별해서 다루지 않으면, 균형 잡힌 토론이 될 수 없다. 그것을 이해한 후에 객관적으로 말하자면, 애초에 대부분의 사람들은 타인의 생사에 크게 신경 쓰지 않는다. 코로나를 예로 들어보겠다. 물론 인류가 멸망해도 상관없다고 생각할 수도 있겠지만, 인류가 멸망하면 안 된다고 생각한다 해도 인간이 일정한 수만 있다면 인류는 살아남을 테니, 그

나머지는 죽어도 문제가 없는 셈이다. 거기에는 선악의 문제가 개입되지 않는다. 물론 윤리적으로 어떻게 바라볼 것인가 하는 논의는 별개로 존재하지만, 결국 인간은 어차피 죽을 테니까 그건 그것대로 받아들일 수밖에 없다.

'그런 의견은 싫으니까 편들지 않겠어. 약한 사람은 도와야 해'라고 생각하는 것도 자유다. 그렇게 하고 싶다면 하면 되고, 그에 대해 '위선이다'라고 비난할 필요도 없다. 돕고 싶어서 돕는 사람이 있는 것이다. 그냥 그런 이야기일 뿐이고, 하고 싶지 않거나 못하는 사람에게 강요할 수는 없다.

그래도 많은 사람은 눈앞에서 지인이 쓰러지면 돕는다. 인간은 본능적으로 눈앞의 지인을 돕도록 만들어져 있기 때문이다. 하지만 눈앞에 없는 타인에 대해서는 꼭 그렇지만은 않다. 그렇다고 해서 눈앞에 없는 다른 사람을 도우라고 타인에게 밀어붙일 수는 없다. 눈앞에 없는 타인을 돕는 '자연스럽지 않은 일'을 하고 싶다면, 그것을 정당화할 수 있는 '외부의 명령'이나 '초자연적인 근거'가 필요하다. 그 목소리를 듣지 못하는 사람들은 어안이 벙벙할 수밖에 없다. 결국, 그런 것이다.

과학 신앙의 결말

현재 미국에서는 애국심이나 가족을 소중히 여기는 가치관이 급격히 줄어들고 있다는 이야기가 있다. 그렇다면 그런 가치관이 사라진 자리에는 무엇이 남을까? 바로 돈이다. 무신론화가 진행되고 있는 서구 사회, 특히 기독교 세계 안에서 미국은 가족의 가치나 신앙심이 예외적으로 강했던 나라였다. 그런데 미국에서조차 그런 가치가 사라지고 있는 것이다. 나는 애국심 같은 건 없는 게 낫다고 보지만(고향에 대한 애착은 남들보다 더 강하다고 생각하지만), 그런 감정조차 희미해지고, 유일하게 남은 것이 돈이라는 것이다.

전 세대 중에서도 특히 젊은 세대에서 이런 경향이 두드러지는데, 이는 지금까지 신앙의 유산으로 이어져오던 가치들이 점차 사라지고 있다는 것을 의미한다. 자신에게 신앙이 없더라도, 예를 들어 '남을 돕는 것은 착한 일'이라는 식의 종교적 가르침을 어릴 때부터 받았다면 상황이 이렇게 되지는 않았을 것이다. 하지만 그런 교육조차 사라지고, 이제는 '도움이 되지 않는 사람은 돕지 않아도 된다'는 분위기가 퍼지고 있다. 그렇게 사회는 점점 무신론으로 바뀌어가는 것이다.

다만 무신론화가 진행된다는 것은 과학에 중점을 둔다는 의미이니 필연적인 흐름이라고 볼 수도 있다. 물론 그 과정에서 잃어버리는 것도 있겠지만, 어쩔 수 없는 일이다. 과학이란 원래 그런 것이니까. 이러한 흐름은 AI의 발전으로 더욱 가속화되고, 여기에 세계 정세까지 맞물리면 불과 몇 년 안에 세계는 멸망할지도 모른다. 물론, 갑자기 운석이라도 떨어진다면 그런 모든 논의는 물거품이 될 테고, 어쩔 수 없는 일이라고 받아들인다면 그것도 나쁘지는 않을지도 모른다. 과학이란 결국 '일어난 일이 전부'다. 일어난 일은 일어날 만했기 때문에 일어났고, 일어나지 않은 일은 애초에 일어나지 않을 일이었기 때문에 일어나지 않은 것뿐이다. 거기에는 좋고 나쁨이 존재하지 않는다. 그것이 전부이며, 그 외에는 아무것도 없다. 그게 바로 과학이다.

일단 결혼부터 하자

 이 책은 삶의 어려움을 안고 타인의 시선에 신경 쓰며, 신이라는 절대적인 존재를 믿지 않는 젊은이들에게 인생의 무의미함을 전하고 있다. 그러면서 이렇게 하면 그나마 조금이라도 낫겠지 싶은 방법들을 내 나름대로 생각하면서 강의해왔다. 이 방법들을 전부 실천하면 좋아질 거라고 나는 믿어 의심치 않지만, 실제로 전부 다 실천할 사람은 없을지도 모른다. 강의가 끝나가는 시점에서, 오늘날의 저출산 고령화 사회라는 현실을 바탕으로, 이번에는 중요한 문제에 대해 적어보려고 한다.

건강한 노인에게서 힘을 빼앗아라

젊은이들이 힘들다고 느끼는 이유 중 하나는 미래에 대한 불안감일 것이다. 1분 후에 무슨 일이 일어날지 모르는 상황에서 미래를 걱정하며 불안에 떨고 있다니, 참 바보 같다는 생각이 든다. 하지만 현재의 젊은이들이 살기 어렵다고 느끼는 것도 이해가 안 가는 것은 아니다. 현대사회에서는 노인이 지나치게 건강하여 젊은이들에게 현재를 살아갈 힘을 빼앗는 듯한 상황이 존재하기 때문이다.

나이가 들면서 인간으로서 능력이 향상되느냐고 묻는다면 전혀 그렇지 않다. 오히려 건망증이 심해지고 체력이 약해지는 등 능력은 점점 떨어질 뿐이다. 그런데도 그렇게 퇴화된 인간들이 온갖 조직에서 권력을 쌓고, 그 권력과 그에 따르는 이권을 움켜쥐며 그 지위에 눌러앉아 있는 것이 오늘날 전 세계의 현실이다. 정부든 회사든, 위에 있는 사람들은 대부분 조직의 평균 연령을 높이는 연장자들뿐이다. 나이가 들면 경험이 풍부해진다고들 하지만, 사실 대단한 경험을 쌓지도 않은 인간이 태반이다. 경험치조차 마이너스인 노인들은 체력도 부족하거니와 머리도 흐릿해졌을 뿐이니 아무런 가치도 없다.

아니, 일을 잘하는 노인이든 못하는 노인이든, 원래 젊은이들이 활약해야 할 자리를 빼앗고 있다는 점에서 다들 똑같이 유해하다. 오히려 일을 못하는 노인이 더 빨리 사회에서 퇴출될 가능성이 클 테니까 일을 잘하고 건강한 노인이 더 민폐다. 자원봉사라면 그나마 나을지 몰라도, 이런 사람은 고액 월급에 권력을 쥐고 있어서 젊은이에게 일이 돌아가지 않으니 큰 민폐다(고령자는 집단 자결하라고 발언했다가 논란에 휩싸인 학자도 있었지만, 젊은이가 이런 말을 하면 갈등이 생길 수 있으니 주의하자).

건강한 젊은이가 노인을 돌보는 요양원을 운영하는 것은 최악이다. 지금은 어디에서나 일손이 부족하다고들 하는데, 노인을 돌보느라 젊은이들이 힘을 빼앗기고 있다. 고용 창출이라는 긍정적인 측면도 있을 수 있지만, 이런 일들은 대체로 대우도 낮고, 결국 젊은이들의 빈곤 문제로 이어지기도 한다.

따라서 이런 일은 노인들끼리 하면 된다. 비교적 건강한 노인이 건강하지 않은 노인을 돌보는 것이 더 건전하다. 그것마저 부족하면, 결국 죽음을 맞이하면 된다. 젊은이에게 체력도 욕망도 더 왕성하다는 것은 생물인 이상 당연한 일이고, 이를 위해 돈이 든다면 거기에 돈을 써야 한다. 노인들에게서 권력과 돈을 빼앗아 젊은이들에게 더 많은 기회가 돌아가도록 만들어야 한다.

노인은 병원에 가지 마라

노인이 되면 대부분 병원에 간다. 살짝 몸이 아프거나 피곤하고 움직임이 불편하다는 이유로 병원을 찾는다. 병원에는 노인 커뮤니티가 형성되고, 병원 대기실에서는 "그 사람 요즘에 안 보이네. 괜찮을까?"라는 농담 섞인 대화가 노인들 사이에 오간다고 하는데, 정말 바보 같다는 생각이 든다. 그렇게 마지막에는 튜브에 연결되어 체내에 액체를 흘려보내면서 죽음에 다가간다. 인간은 원래 튜브에 연결되어 살도록 설계되지 않았다. 원래의 설계에서 벗어나는 일을 하면 불행해지는데도 불구하고, 비싼 돈을 들여서까지 오래 살려고 하는 그 마음이 나는 이해가 안 된다.

나는 보험이 없다. 대학을 그만뒀을 때 국민건강보험도 끊었다. 가짜 복지에 가담하고 싶지 않아서 보험을 탈퇴했다. 사는 것도 죽는 것도 신의 뜻이니까. 지금은 의료비가 너무 비싸서 치료비도 감당할 수 없고, 여러 가지 지병을 안고 있지만 악화되더라도 병원에는 가지 않는다. 움직이지 못하겠으면 그냥 움직이지 않는다. 시간이 지나 발작이 가라앉을 때까지 기다리다가, 겨우 움직일 수 있게 되면 조금씩 일을 한다. 낫지 않으면 거기서 끝이다. 물론 건강검진도 받지 않는다.

오늘 죽어도 전혀 상관이 없다. 그래서 나는 연금에도 가입하지 않았다. 그렇게 임의로 가입하는 제도는 전부 그만뒀다. 애초에 노인이 된 후에 미래를 걱정하다니, 바보도 정도가 있다. 그래서 보험도 연금도 필요 없다. 이제 죽는 일만 남았으니, 어떻게 살 것인가보다 어떻게 죽을지를 생각해야 한다.

'장수는 좋은 일'이라는 말은 자본주의가 만들어낸 세뇌다. 자본주의는 인구가 많을수록 발전하고, 노인이 연명에 돈을 써야 돈이 돌기 때문에 그런 식으로 유도하고 있는 것이다. 서점에는 노년의 삶의 보람을 강조한 책이 잔뜩 진열되어 있는데, 정말이지 한심하다. "있는 자리에서 꽃을 피워라"라는 책도 있었는데, 노인은 있는 자리에서 조용히 시들면 된다. 어떻게 시들어갈지, 어떻게 죽을지를 고민하는 것이 훨씬 더 중요하고, 이 세상을 위한 일이다.

서점에 이런 책들이 대량으로 진열되는 이유는 노인이 권력과 돈을 쥐고 있기 때문이다. 권력자는 비합리적인 결정을 내리고, 아랫사람은 그에 따를 수밖에 없다. 그래서 노인에게 권력을 주어서는 안 된다. 그나마 도움이 되는 역할이 있다면, 후세대를 육성하거나 어느 정도 있는 경험을 살려 상담을 들어주는 정도일 것이다. 결정권은 어디까지나 아랫사람, 젊은 세대가 가져야 한다. 하지만 그렇게 하면 아무도 자신의 말을 들어주지 않을 것을 알기에, 노인들은 권력과 돈을 더욱 움켜쥐고 놓지 않는 것이다.

그러니까 사회보장 같은 제도는 그만두고, 노인이 병원에 가지 않도록 하면 된다. 지금의 시스템에서는 많은 사람에게 돈을 거둬들여 놓고, 결국 그 혜택을 온전히 누리는 건 일부뿐이다. 보험 역시 실제로 사용하지 않는 사람이 더 많으니까 대부분은 돈만 내고 제대로 된 보상을 받지 못한다. 이런 제도는 내고 싶은 사람만 가입하도록 바꾸고, 내기 싫은 사람에게는 받지 말아야 한다.

구하고 싶다고 생각하는 사람이 구해주길 바라는 사람을 구한다

이슬람에서 이상적으로 여기는 모습은 생활보장이 국가가 아닌 사회의 역할이라는 점이다. 국가가 굳이 개입할 필요 없이, 도움을 구하고 싶은 사람은 구하면 되고, 돕고 싶은 사람은 자유롭게 도우면 된다. '일하지 않는 자 먹지도 말라'라는 발상도 없고, 일을 안 하고 돈도 없는 사람은 계속 도움만 받으면 된다. 반면, 가진 자에게는 더 큰 책임이 따른다. 예를 들어, 경제적으로 여유 있는 사람은 기부를 해야 할 의무가 있다. 이런 개념이 기본에 깔려 있으니, 애초에 세금을 걷는다는 발상도 존재하지 않는다.

돕고 싶은 사람이 도움 받고 싶은 사람을 돕는다. 돕고 싶은 마음이 들지 않는 사람은 도움을 받지 못하고 죽는다. 그거면 충분하다. 호감 가는 사람은 도움을 받고, 비호감인 사람은 혼자 살다가 죽게 되는데, 스스로 선택한 인생이니 '오히려 좋아'를 외치며 받아들여야 한다. 다만, 방에서 고독사하면 공간이 더러워지고 '사고 물건'이 되어 피해를 입을 사람이 생기니, 즐겁게 죽을 수 있는 장소를 마련하고 그곳에서 죽는 시스템이 있으면 좋겠다고 생각한다. 그것은 고액을 들여 죽어가는 노인에게 튜브를 연결해서 연명 치료를 하는 병원이 아니라, 다른 장소여야 한다.

삶의 보람보다 죽음의 보람을 찾아라

어떻게 이런 세계가 되었는가 하면, 국가라는 시스템과 인간의 욕망을 끊임없이 자극하며 성장하는 자본주의라는 구조의 합작 때문이다. 다시 말하지만, 자본주의는 인구가 많을수록 소비가 증가해 더 번영하는 구조다. 그저 인간의 사회를 지속시키고 인류가 멸망하지 않는 것이 바람직하다고 생각한다면, 노인은 적당한 나이에 생을 마감하고, 그 대신 새로운 생명이 태어나는 순환 구조가 필요하다. 너무나 당연한 사실이다.

현대사회는 '살아 있는 게 더 낫다', '인간은 살아야 한다'라는 전제를 바탕으로 모든 일들이 돌아가지만, 이를 뒤집어보면 '인간은 죽으면 안 된다', '죽음은 좋지 않은 일이다'라는 생각이 깔려 있다. 하지만 인간은 반드시 죽는다. 예외는 없으므로 애초에 전제가 잘못되었다. 따라서, 특히 생물로서 죽음에 가까워지는 노인은 '삶의 보람'이 아니라 '죽음의 보람'에 대해 고민해야 하며, 이러한 가치관을 널리 퍼뜨릴 필요가 있다.

젊은이는 결혼을 해라

노인이 죽는 것은 당연한 도리이며 그 자체가 나쁜 일도 아니다. 하지만 노인이 죽기만 하고 새로운 생명이 태어나지 않으면 인류는 멸망한다. 그런 상황을 막기 위해서라도 젊은이들은 결혼하여 자식을 많이 낳고 키워야 하지만, 현실은 그렇지 않다.

'적당한 상대를 못 만나서', '자유롭고 편한 생활을 잃고 싶지 않아서', '결혼 후 생활자금이 부족해서', '필요성을 못 느껴서' 등 다양한 이유가 있다.

흔히 '돈이 없으면 결혼을 못 한다'는 착각을 많이 한다. 하지만 이는 사실이 아니다. 돈이 없어도 결혼은 할 수 있다. 성대한 결혼식을 올려야 한다거나, 결혼 후 아이가 생기면 최대한 좋은 교육을 받아야 한다는 사고에 세뇌된 것일 뿐이다. 돈을 쓰게 만들도록 유도하는 사회에 영향을 받은 것이다. 딱히 돈이 없어도 결혼하고 아이를 키울 수 있다.

결혼 상대가 당신에게 꼭 어울리는 사람일 필요는 전혀 없다. 결혼이라는 것은 서로 사랑에 빠져 연애 과정을 거친 후 이루어진다는 생각이 깔려 있겠지만, 사랑이나 연애는 그 당시의 변덕이며, 호르몬 밸런스의 변화로 인해 발생한 착각일 뿐이니 굳이 신경 쓸 필요가 없다. 옛날에는 가문을 위해 면식도 없는 상대에게 시집가는 것이 보통이었다. 20세기에도 마찬가지로 잘 알지도 못하는 사람과 결혼하는 게 일반적이었다. 만약 누군가에게 강요를 받는 게 싫다면 요즘은 편리한 어플도 있으니, 누구든 상관없이 결혼만 하면 된다.

사람이 사람을 좋아하는 것은 생물로서 자연스러운 현상이고, 거기서 벗어나면 살아가기 어려워진다. 모든 동물은 자손을 남기기 위해 각자의 방법을 사용해왔다. 그리고 인간은 오랫동안 결혼이라는 방법을 채택해왔다. 당연히 이 법칙을 따르는 것이 인간으로서 편하게 살 수 있는 길이다.

내가 하고 싶은 일, 할 수 있는 일을 하자

　여기까지 이 책을 읽은 여러분이라면 알겠지만, 인간은 무엇을 해도 괜찮다. 그럼에도 지금 당신이 만약 불행하다거나 살아가기 힘들다고 느낀다면, 그것은 단순히 타인이나 사회가 정한 규칙에 얽매여 자신이 원하지 않는 일을 하거나, 자신의 능력으로는 불가능한 일을 하려고 애쓰고 있기 때문이다. 아침 여덟 시에 출근하려고 죽도록 싫은 만원 전철을 매일 타야 하는 게 싫다면 일을 그만두면 해결될 것이고, 주야장천 게임만 하면서 살고 싶다면 그렇게 살면 된다.
　"말은 그렇게 해도 살려면 어쩔 수 없잖아요"라고 말하는 사람들이 많겠지만, 여러 번 강조했듯이, 돈이 없어도 우리 사회에서 나름대로 즐기며 사는 것은 어렵지 않다. 몇천 원만 있으면 맛있는 것을 먹을 수 있고, 생활보호 제도도 있다. 게다가 지금은 월정액 동영상 서비스가 잇따라 등장하여 전 세계에서 양질의 드라마가 매일 올라오며, 만화와 책도 새로운 작품이 쏟아진다. 그렇게 큰돈이 없어도 즐길 수 있다.

이런 환경 속에서 정말 싫은 일을 불행하게 이어갈 이유는 어디에도 없다. 무엇이든 해도 좋고, 하고 싶지 않은 일은 안 하면 된다.

'나는 무엇을 하고 싶은가?'
'나는 무엇을 할 수 있는가?'
'나는 무엇을 해야 하는가?'

이 세 가지를 아는 것이 중요하다.

'무엇을 해야 하는가'는 존재하지 않는다?

'나는 무엇을 해야 하는가'부터 설명하겠다. 이는 선과 악의 문제인데, 선과 악이 존재하기 때문에 무엇을 해야 하고 무엇을 하지 말아야 할지가 구분된다. 그리고 이 선악을 구별하는 기준은 궁극적으로 신, 즉 신앙이다. 그러나 현대에는 거의 모든 나라가 무신론으로 기울어가고 있다. '신은 없다'라는 입장에 서면, '해야 할 일' 또는 '하지 말아야 할 일'은 존재하지 않는다. 내가 '무엇을 해도 좋다'고 말한 것에는 바로 그런 의미가 담겨 있다.

이런 이야기를 하면 "그럼 범죄를 저질러도 된다는 말인가요?"라는 질문을 받는데, 물론 상관없다. 들키면 당연히 그 나라의 법률에 따라 심판을 받을 뿐이고, '범죄를 저질러서는 안 된다'라는 근거는 어디에도 없다. 들키지 않으면 문제없다. 왜냐하면 그 법률 자체를 인간이 정했으며, 거기에는 근거가 없기 때문이다.

19세기 말에 철학자 프리드리히 니체는 "신은 죽었다"라는 유명한 말을 남겼다. 직역하면 신이 물리적으로 죽었다는 의미로 해석될 수 있지만, 실제로 니체는 과학의 발전과 계몽사상의 확산으로 신과 절대적인 도덕 개념이 당시 사회에서 그 중요성과 영향력을 잃어가고 있는 상황을 지적한 것이었다. 당시에 유럽에서는 자유, 평등, 박애, 민주주의까지 포함한 넓은 의미에서 산업자본주의가 발전하고 있었으며, 사회는 그러한 변화에 맞는 인물들을 만들도록 조정되기 시작했다. 니체는 유럽의 기독교 세계에서 '해야 할 일'이라는 강제력을 가졌던 기독교의 신이라는 관념이 권위를 잃고 있는 점을 말한 것이다.

선악을 결정할 수 있는 존재는 오직 신뿐이다. 그 외의 모든 호불호의 범주에서 대부분의 인간이 '해야 할 일'이라고 생각하는 것들은 누군가의 명령에서 비롯된 것일 뿐이다. 그것은 부모일 수도, 학교일 수도, 사회일 수도 있지만, 결국 아무런 근거도 없는 환상에 불과하다. 신앙을 가지지 않은 인간에게는 '해야 할 일'의 근거가 없기 때문에 무엇을 해도 상관없는 것이다. 그뿐이다.

'무엇을 하고 싶은가'와 '무엇을 할 수 있는가'를 생각하면 행복해진다

이와 달리 '나는 무엇을 하고 싶은가', '나는 무엇을 할 수 있는가'는 사실 문제다.

심리학자이자 정신과 의사인 지그문트 프로이트는 인간의 심리를 이해하기 위해 '쾌락 원칙'과 '현실 원칙'을 제창했다. 쾌락 원칙이란 인간의 행동이 기본적으로 쾌락을 추구하고, 불쾌를 피하려는 욕망에 따라 움직인다는 이론이다. 이는 기아, 추위, 공포 등에서 오는 불쾌를 피하고, 음식, 따뜻함, 애정 등에서 오는 쾌락을 추구한다. 아이는 본능적으로 이 원칙에 따라 행동한다. 예를 들어 과자를 먹고 싶다거나 공원에서 놀고 싶다거나 즐거워서 집에 가기 싫다는 식으로 본능에 따라 사는 것이다.

하지만 얼마 지나지 않아, 원하는 것을 갖고 싶다고 말했는데도 받지 못하는 등, 자신의 요구를 들어주지 않는 현실을 알게 된다. 여기서 등장하는 것이 '현실 원칙'이다. 이는 사회생활을 할 때, 쾌락을 얻기 위한 충동을 즉시 제어하고 지연시키는 능력을 가리킨다. 즉, 쾌락 원칙에 따라 곧바로 욕구를 충족하는 것이 불가능하거나 부적절한 경우, 개인은 현실 원칙에 따라 그 욕구를 늦추거나 수정하는 법을 배운다. 예를 들어 배가 고픈데 당장 음식을 얻을 수 없을 때, 현실 원칙에 따라 기다리는 법을 배운다. 또한 천만 원을 갖고 싶어서 시급 만 원짜리 아르바이트를 1천 시간 하는 것도 현실 원칙에 따른 행동이다.

즉, '무엇을 하고 싶은가'는 쾌락 원칙이고, '무엇을 할 수 있는가'는 현실 원칙이다. 정리하자면, '신은 없다'고 여기는 인간에게는 '무엇을 해야 하는가'라는 의무가 없기 때문에 '무엇을 하고 싶은가'와 '무엇을 할 수 있는가'만 생각하면 충분히 행복할 수 있다. 하고 싶지 않은 일을 하거나 불가능한 일을 하려고 하니까 불행해지는 것이다. 먼저 자신이 하고 싶은 일을 알고, 할 수 있는 일부터 하자.

나에게 살아갈 권리는 없다는 사실을 깨닫자

여러분은 자신에게 살아갈 권리가 있다고 생각하는가? '당연하다. 헌법에도 기본 인권이 보장되어 있으니 굳이 논할 필요가 있을까?' 이렇게 생각할지도 모른다.

인권이라고 하면, 인간이 태어날 때부터 갖는 기본적인 권리를 가리키는 '자연권'과, 개인이 건강하고 문화적인 생활을 보내기 위해 사회 전체나 국가가 제공해야 할 권리를 가리키는 '사회권'이 있다고 학교에서 배운다. 자연권에는 자유권, 평등권, 생명권 등이 해당하며, 정부의 개입이나 사회적 제약에서 개인을 보호하는 역할을 한다. 반면, 교육을 받을 권리, 건강하고 문화적으로 최저한의 생활을 보낼 권리, 일할 권리 등은 사회권에 속하며, 국가가 이를 실현하기 위해 정책이나 법률을 통해 적극적으로 실현해나가야 한다는 것이 의무교육에서 배우는 일반적인 설명이다. 이 설명을 듣고 이질감을 느끼는 사람은 많지 않을 것이다.

하지만 이 인권은 백인 서구 사회, 특히 그중에서도 소수 엘리트가 자기들 입맛에 맞게 멋대로 만든 규범에 불과하다. 엄밀히 말하자면, 자연권으로서의 인권은 아슬아슬하게 '존재한다'고 할 수 있겠지만, 사회권은 '존재한다'고 절대 말할 수 없다.

당신에게는 살아갈 가치도 권리도 없다. 당신의 삶에 의미가 없고 살아갈 가치가 없는 것은 신종 코로나바이러스 한 개의 삶에 의미가 없고 살아갈 가치가 없는 것과 똑같다. 바이러스는 세균과 달리 '살아 있다'고 할 수 없다는 지적을 할 수도 있는데, 일단 지금은 넘어가겠다. 당신도 당신을 만드는 세포도 신종 코로나바이러스도 생물학적으로 비슷한 RNA를 가졌다는 점에서 '도토리 키 재기'이다. 화학적으로는 분자, 원자, 물리학적으로는 소립자 덩어리에 지나지 않는다는 사실은 굳이 설명할 필요도 없다. 신종 코로나바이러스와 똑같이 가치가 없다는 것에 대해 화를 낼 사람도 있겠지만, 화가 났다는 것 자체가 인권이나 인간의 존엄에 대한 생각이 불행의 원흉이라는 사실을 보여주는 가장 큰 증거다.

인간이 신종 코로나바이러스와 마찬가지로 생물학적, 화학적, 물리학적 차원에서 존엄이나 가치, 의미가 없다는 것은 곧 신종 코로나바이러스가 생물학적, 화학적, 물리학적 측면에서 아무런 죄나 책임이 없다는 것과 같다. 당신이 무엇을 하든, 아니면 아무것도 하지 않든, 어떤 실패를 하든, 누군가에게 어떤 민폐를 끼치든 죄의식이나 책임감을 느끼지 않아도 되고, 양심의 가책도 필요 없다는 것이다. 당신의 인생도 신종 코로나바이러스의 삶과 마찬가지로 의미도 없고 가치도 없으므로, 무책임하게 철판 깔고 행동해도 되는 것이다.

 자신에게 살아갈 권리가 있다고 착각하기 때문에 원하는 대로 일이 풀리지 않으면 불만이 생기는 것이다. 때마침 공기와 햇빛과 물이 있었고, 어쩌다 큰 지진이나 대홍수를 피했으며, 운석이나 번개를 맞지 않은 덕분에 살아 있는 것이다. 태어난 것도 자란 것도 모두 우연의 산물일 뿐, 스스로 만들어낸 것은 아무것도 없다. 설령 죽는다 해도 아무도 곤란해하지 않을, 그저 대량의 에너지를 소비하며 이산화탄소를 배출하는 유해한 존재에 불과한 인간이 어떻게 살아갈 가치가 있다고 착각할 수 있는가. 신종 코로나바이러스와 비교할 가치조차 없는 티끌 같은 존재라면, 지구 환경과 인류에 민폐만 끼치더라도 양심의 가책이나 죄책감을 가질 필요가 없다. 책임감도 거리낌도 느끼지 않아도 된다고 생각할 수 있는 것만으로도 충분하다.

  이렇게 나에게 인권이란 환상에 불과하다. 그리고 그런 망상에 사로잡혀 있기 때문에 사람들이 불행해진다는 것은 한낮의 태양처럼 자명한 사실이다. 하지만 이런 이야기를 처음 듣는 사람은 '무슨 헛소리야?'라고 느낄지도 모른다. 사실 이것은 철학적으로도 지극히 어려운 문제인데, 듣고 바로 이해되지 않는 사람에게 일반인을 위한 계몽서로 끝까지 설명하기엔 종이가 부족하다. 게다가 오늘날 우리는 어릴 때부터 학교에서 선생님들에게 인권 교육이라는 변변찮은 수업에서 '인간에게는 인권이 있다'라는 말을 듣고 세뇌당해 거짓을 진실로 믿고 있다. 한번 세뇌당하면 풀어내기가 어려워서 가능하면 깊이 관여하고 싶지 않다. 하지만 현대인이 잘못된 삶을 강요받는 주요 원인 중 하나이므로, 살짝 길어지더라도 최대한 알기 쉽게 설명해보겠다. 완전히 이해하거나 동의하지 않아도 좋으니, 일단 한번 읽어보기만 하길 바란다. 그럼 설명을 시작하겠다.

'권리가' '있다'란 무슨 뜻인가?

  '권리가' '있다'란 무슨 뜻일까?

현재 유행하는 LGBT 동성혼 문제를 예로 들어 이야기해보자. 생물학적으로는 Y염색체가 인간을 남성으로 결정한다는 사실이 이미 밝혀져 있고, 일반적으로 성염색체가 XX이면 여성, XY이면 남성으로 간주된다. 다만, 염색체 이상이나 호르몬 이상으로 인해 XX임에도 정소 등 남성 생식기가 발달하는 경우가 있으며, 반대로 XY임에도 정소가 발달하지 않는 경우도 존재한다. 또한 성염색체, 생식기의 외형, 생식 능력 등 여러 측면에서 성별을 명확히 결정하기 어려운 분화 질환과 같은 비정형도 존재한다.

문화적, 역사적으로 미세한 차이는 있지만, 시대와 지역을 막론하고 성性은 남성, 여성, 그리고 남성과 여성 중 어느 한쪽으로도 명확히 구분할 수 없는 비정형 성이라는 세 가지 카테고리로 인식되어왔다. 비정형 성은 일본어로 '후타나리(우리나라 말로 '남녀추니', '반음양', '양성구유'가 있다-옮긴이)', 그리스어로 '안드로규노스' 등으로 불려왔다.

어떤 인간이 남성인지, 여성인지, 혹은 남녀추니인지는 원리적으로 진위를 결정할 수 있다. 남성 생식기만 있으면 '남성', 여성 생식기만 있으면 '여성', 둘 다 있거나 어느 쪽인지 명확하지 않거나 둘 다 없는 경우는 '남녀추니'로 분류된다.

그렇다면 동성끼리 결혼할 '권리가' '있다'란 무슨 뜻일까?

'남성A와 남성B에게 결혼할 권리가 있다'라는 문장은 A에게 여성 생식기가 있는지 남성 생식기가 있는지 알지 못하면, 애초에 A를 남성으로 단정할 수 없으므로 틀린 문장이다. 마찬가지로 B에게 여성 생식기가 있는지 남성 생식기가 있는지 모르는 경우에는 역시 B를 남성으로 단정 지을 수 없으므로 틀린 문장이다. 그럼 A가 남성이고 B가 남성이라는 것이 사실인 경우, 그들에게 결혼할 '권리가 있다'라는 말이 참이 되는 '사실'이란 무엇이며, 거짓이 되는 '사실'이란 무엇일까?

얼핏 간단하게 느껴질 수 있다. 보통은 깊이 생각할 것 없이 법률에 비추어 판단하면 일단 큰 문제는 생기지 않는다. 권리가 법률에 명확히 규정되어 있으면 참이고, 규정되어 있지 않으면 거짓이다. 일본에서는 헌법 제24조 제1항에 '혼인은 양성의 합의에만 근거하여 성립하고, 부부가 동등한 권리를 가진다'고 명시되어 있다. 따라서 A와 B가 남성과 여성, 혹은 여성과 남성의 경우 민법 제731-736조의 금지 조건에 해당하지 않는 한, 739조에 따라 결혼신고서를 제출하고 740조에 따라 수리 받으면 결혼할 권리를 얻게 된다. 반대로 A와 B가 남성과 여성, 혹은 여성과 남성이 아니라면 혼인은 성립하지 않으므로 A와 B에게는 혼인할 권리가 없다. 따라서 '남성A와 남성B에 결혼할 권리가 있다'라는 주장은 거짓이 된다.

그러나 문제는 그렇게 간단하지 않다. 이 예로 봤을 때 A와 B가 민법 731-736조의 혼인 금지 사항을 모두 어기지 않았으며, 739조에 따라 필요 항목을 모두 바르게 기입해서 혼인신고서를 당국에 제출했는데도 불구하고 수리되지 않았거나, 혹은 수리는 되었지만 호적에 혼인 사실이 기재되지 않고 여러 번 항의해도 상대해주지 않았다면 어떻게 될까?

혼인 권리가 있음에도 실제로 혼인이 인정되지 않았다면, '결혼할 권리가 있다'는 문장은 거짓이 되는 걸까? 아니면, 실제로 혼인이 인정되지 않았다는 '사실'이 틀린 것이며, '혼인할 권리가 있다'는 문장은 여전히 참인 걸까?

아무리 정당한 이유 없이 혼인을 거절당했다 하더라도, 실제로 결혼을 하지 못했다는 '사실'은 '결혼할 권리가 있다'는 문장을 거짓으로 만들지는 않는다. 그렇다면 '결혼할 권리가 있다'는 문장이 거짓이 되려면, AB 양쪽의 혼인할 권리를 부정하는 혼인 성립 조건을 바꾸도록 법을 개정하는 '사실'만 필요한 걸까?

이런 사고법을 '법실증주의legal positivism', 또는 '인정법주의'라고 한다. 이는 알기 쉬운 사고방식이지만, 조금만 생각해보면 여러 가지 불합리한 사실들이 드러난다. 극단적인 예를 들어보자. 극단적이지만 실제로 일어난 일이며, 내가 두 눈으로 똑똑히 본 사실이다. 독자 여러분은 법이 국가가 제정한 법률이고, 사람들의 권리가 보장된 사회 질서는 법률 덕분에 유지되는 것이라고 생각할지도 모른다. 평화롭고 풍요로운 국가에서 살다 보면 실감이 잘 되지 않겠지만, 그것은 환상에 불과하며 국가와 법률이 없어도 사회 질서는 유지된다. 이야기가 길어졌으니 다음 챕터로 넘어가겠다.

나라를 믿지 마라

 2021년 8월 15일, 20년 동안 국제사회가 지원해온 아프가니스탄 이슬람 공화국이 하룻밤에 소멸했다. 대통령이 다른 각료들에게도 아무런 통보도 없이 국고의 돈을 챙겨 해외로 도망쳤고, 나라의 수장을 잃은 정부 고위관료 중 일부는 투항하고 일부는 해외로 도피했다. 저항하는 자가 없는 수도 카불에 반정부 무장세력 탈레반이 무혈 입성했다. 과장이 아니라, 정말 하룻밤 사이에 정부가 붕괴했다.
 국가가 소멸하면 국가가 제정한 법률도 함께 소멸한다. 그럼 국가가 소멸하여 아프가니스탄이 무법지대가 되었을까? 그건 아니다. 오히려 서구 정권이 다스리던 때보다 치안은 더 좋아졌을 정도다. 그로부터 2년 이상이 흘렀지만, 탈레반 정권을 국가로 승인하는 나라는 한 곳도 없으며, 국제법상 아프가니스탄에 국가는 존재하지 않는다. 또한, 국제연합의 부당한 경제 제재로 인해 아프가니스탄 민중은 빈곤에 허덕이고 있다. 그럼에도 아프가니스탄은 지금도 평화롭다.

국가의 법률이 '권리가 있다'고 정한 것만이 '권리가 있다'는 사실이라고 한다면, 국가가 없으면 법률도 없고, 법률이 없으면 권리도 없다는 결론에 이르게 된다. 그러나 아프가니스탄이나 이슬람 국가에서 사람들의 삶은 이러한 이론과 다르다는 사실을 알려준다.

프랑스의 유명한 수학자 블레즈 파스칼도 이렇게 말했다.

"위도가 3도 다르면 모든 법률이 뒤바뀐다. 자오선 하나가 진리를 결정한다. 수년간 한 나라에 살다 보면 기본적인 법률이 바뀐다. [중략] 한 줄기 강에 의해 한정된 우스꽝스러운 정의여. 피레네 산맥 이쪽에서는 진리였던 것이 저쪽에서는 오류로다."

동성혼에 대한 세계적 상황과 '인권'

LGBT의 동성혼 문제로 돌아가면, 법률적 관점에서 봤을 때 원래 일본에서는 '법률로 인정되지 않았기 때문에 권리가 없다'고 보는 것이 일반적인 입장이다. 하지만 법으로 정해지지 않았는데도 '권리가 있다'는 주장을 펼치는 이들이 있다. 이러한 주장은 법실증주의(인정법주의) 관점에서 보면 법철학적으로 문제는 있지만, 객관적인 논의가 가능하다는 장점이 있다. 다시 말해 법으로 정해지지 않은 권리를 주장하는 사람들은 사실에서 눈을 돌리고, 자신들의 이데올로기를 강요하기 위해 이미지를 조작하는 데 여념이 없으니 조심해야 한다.

예를 들어 동성혼을 추진하는 'NPO법인 EMA 일본'은 '세계의 동성혼'이라는 표어를 내세우며 실제로 동성혼이 인정되는 나라나 지역이 36곳(국제연합 가맹국의 약 18%)인데도, 이를 '세계의 나라나 지역 중 약 22%에 달한다'라고 주장하며 마치 다수인 것처럼 이미지를 조작하고 있다. 또한, '동성혼이나 파트너십 제도가 있는 나라의 GDP는 세계 전체에서 약 55%를 차지한다'며 동성혼과 경제적 여유가 밀접하게 연결되어 있음을 암시해서 썼다. 그러나 실제로 동성혼을 인정하는 36개 국가나 지역은 대만을 제외하고 모두 기독교 문화권에 속하며, 이들이 경제적으로 잘 산다는 점은 동성혼 추진이 오히려 세계를 식민지화하여 착취해온 서양 기독교 문명에 따른 세계의 문화적 식민지화 정책의 일환으로 해석될 여지가 있다.

《내셔널 지오그래픽》에 따르면, 2016년 기준으로 국제연합 가맹국의 37%에 해당하는 73개국에서는 동성 간 성행위가 범죄로 간주되며, 이란, 수단, 사우디아라비아, 예멘에서는 극형에 처할 수 있도록 법으로 정해져 있다. 즉, 동성혼이 합법인 국가보다 동성 간 성행위 자체가 범죄로 규정된 국가가 더 많음에도, 서구 여러 나라의 LGBT 추진 단체들은 타국의 내정에 간섭하며 전통과 종교를 모욕하는 것에 그치지 않고, 나아가 범죄 행위를 조장한다는 것이 사실이다. 그리고 그때 구실로 쓰이는 것이 바로 '인권'이다.

인권은 보편적 권리라고 불리지만, 그건 거짓말이다. 18세기 미국 독립전쟁과 프랑스혁명 당시 서양에서 인권 개념이 법제화되었다고 하는데, 사실 그것은 인권이 아니라 백인 남성 유산시민 계급의 권리에 불과했고, 여성이나 노예 등은 배제되었다. 단순히 말만 보더라도, 인류 보편의 권리를 가리키는 human rights라는 용어도 1945년 국제연합 헌장에서 처음 등장했다고 한다.

요컨대 '인권'이란 보편적인 개념이 아니라, 근대 서구 지역에서 형성된 하나의 사상일 뿐이다. 사상사적으로 봤을 때, 인권이란 '자유권을 기점으로 하여 국가로부터의 자유를 지도 이념으로 삼는 인간의 권리'이다. 이는 국가가 존재하기 전부터 인간이 본래 가지고 있던 것이다. 그 안에는 살아갈 권리와 재산권도 포함된다. 이때의 '권리'는 국가가 부여한 것이 아니며, 인간이 스스로 행사할 수 있는 것이다. 다시 말해, 사상사적으로 봤을 때 인권의 기점인 '자유권'이란 원래부터 인간이 갖고 있던 것을 국가가 빼앗아서는 안 된다는 것이다. 이는 국가가 정한 법이나 살면서 '해야 할 일'이라는 규범적인 개념이라기보다, 무언가를 '실제로 할 수 있다'는 '날것의 힘'을 가진 '사실'과 가깝다.

자연권에서 말하는 자유란
'자신의 힘으로' 실제 ○○할 수 있는 능력

무언가를 '실제로 할 수 있다'는 '날것의 힘'을 가진 '사실'을 국가가 빼앗아서는 안 된다. 이 말은, 예를 들어 자신이 자신의 영역(소유지) 안에 만든 둥지(집)에 비축해 뒀던 것을 국가가 몰수해서는 안 된다는 것이다. 그러나 원래 집도 재산도 없는 인간에게는 '무일푼일 자유'가 있는 것이다. 여성, 어린이, 노예가 남성

자유인들의 소유물로 취급되었던 고대 로마는 그런 사회였다.

중세 서유럽은 봉건사회였기 때문에 노예나 농노뿐만 아니라 자유농민까지도 영주의 사유지에 묶여 있었다. 자연재해나 전쟁으로 인한 흉작으로 토지를 잃고 궁핍해진 농민들이 도시로 유입되면서 값싼 노동력이 되었고, 이를 바탕으로 근대 자본주의가 성립했다는 것은 많은 독자들도 들어본 적이 있을 것이다. 일본의 헌법 제22조에서도 거주 및 이주의 자유가 인정되었다. 하지만 중국에서는 여전히 농촌 호적을 가진 국민이 도시로 자유롭게 호적을 옮길 수 없으며, 사회 보장이나 대학 입학 등에서 온갖 차별을 받고 있다.

이 예는 권리의 본질을 이해하는 데 적합한 사례가 된다. 일반적으로 비장애인은 자유롭게 움직일 수 있다. 동물행동학에 따르면 인간의 영역은 대체로 '1.2~3.5미터 정도의 사회적 거리'이다. 또한 영장류 중에서도 인간은 가족을 이루는 유형인데, 호모사피엔스는 약 20만 년에 걸쳐 수렵과 채집을 하며 살아왔다. 또한 4명에서 30명 정도 되는 한 가족이 많게는 수십 개 모여 집단을 이루는데, 그들은 종종 캠프지를 옮겨 다니며 일정한 유동역(거주지: home range)을 가진다. 이 집단을 밴드라고 부르며, 밴드와 밴드 사이에서 결혼 상대를 찾는 형태로 하나의 통혼권(지역 사회)을 형성한다. 영장류학자 야마기와 주이치에 따르면, 수렵 채집민의 평균적인 지역사회(집락) 규모는 약 150명 정도라고 한다.

인간 개체의 사회적 거리가 1.2~3.5미터라면, 이 지역사회가 인간 집단의 영역이라고 볼 수 있다. 동물의 경우 영역을 침범당하면 강하게 저항하며, 때로는 목숨을 건 사투가 벌어지기도 한다. 따라서 타인의 영역에 들어가는 것은 어떤 면에서는 '불법 침입에 대한 물리적/신체적 제재'를 수반하므로, '자유'라고는 부르기에는 어려울 것 같다. 따라서 이 150명 정도가 사는 지역사회(촌)에 이방인이 들어갈 때, 그들은 종종 '영역 파괴자'로 간주되어 경계를 받는다. 그러니 이러한 장소에 잘못 들어갔다면 그대로 지나가는 것이 무난하다.

'짐승길'이라는 말이 있다. 산속 숲에서도 동물이 다니는 길은 자연스레 정해지는데, 그 길이 밟혀서 짐승길이 생긴다. 짐승길 중에서도 사람이 밟은 길은 사람 길이 된다. "내 앞에 길은 없고 내 뒤에 길이 생긴다."(다카무라 고타로) 이처럼 길은 인간뿐만 아니라 동물도 지나기 때문에 누구의 것도 아니다. 그렇다고 해서 사람이 정착해서 사는 곳도 아니다. 사람이 지나는 길은 보통 뚝 끊기는 일이 없고, 걷다 보면 사람들이 모여 사는 집락으로 이어지기 마련이다. "모든 길은 로마로 통한다"라는 말처럼 말이다.

비장애인은 자연스레 움직이며 걸어 다닌다. 유아를 보면 알 수 있다. 이유는 알 수 없지만, 아이들은 종종 웃으며 뛰어다닌다. 억지로 제압하려 하면 운다. 자신이 좋아하는 곳으로 걸어가는 것은 인간의 본성에 따른 것이다. 하지만 인간이 생리학적으로 움직이도록 만들어져 있다고는 해도, 마치 실이 끊어진 연처럼 어딘가로 훌쩍 사라지는 것은 아니다. 아이들도 아무리 뛰어다녀봤자 모르는 곳으로는 가지 않는다. 결국 집으로 돌아온다. 동물행동학적으로 이것을 귀소 본능이라고 부른다.

무슨 말을 하고 싶은가 하면, 좋아하는 곳으로 걸어가는 것은 인간의 본성이지만, 영장류로서 그 나름의 행동 패턴이 있다는 점이다. 근대 서양에서 "도시의 공기는 자유를 만든다"라는 독일의 속담이 있는 것처럼, 자유도시를 모델로 삼은 봉건영주가 시민의 자유를 힘으로 억제해서는 안 된다는 신흥 시민계급의 사상을 '인간은 날 때부터 자유롭게 이동할 권리가 있다'라고 표현하게 된 것이다.

'인간은 원래 자신의 발로 어디든지 갈 수 있다'는 '사실'이 '이동의 자유'의 기저에 깔려 있다. 그리고 그러한 전제를 바탕으로 인간은 원래부터 소집단(밴드)으로 행동하는 동물이고, 개인 수준과 집단 수준의 영역이라는 게 존재하여 서로 그것을 침범하면 싸움이 일어나고, 귀소 본능이 있다는 등의 일정한 법칙 아래, '인간에게는 이동의 자유가 있으며 그것은 생득적 권리'라고 말하는 것이다. 거기에는 남의 주거지에 허락 없이 들어가거나, 이방인이 모르는 사람들의 집락에 갑자기 침입해 '곳간'을 망치면 보복을 당한다는 것이 전제에 깔려 있다. 게다가 '자유롭게 어디든 갈 권리가 있다'란 말은 '갈 수 있으면 어디 가보라'라는 뜻이지, 타인이 그 꿈을 이루도록 도와줘야 한다는 의미는 아니다. 어디까지나 '비장애인이 스스로 걸어갈 수 있는 곳이라면 어느 길이든 다 가도 좋다'는 것이지, '못 걷겠으니 업어 달라, 마차를 준비해 달라, 맹수나 도적이 두려우니 호위병을 붙여 달라'고 요구할 수 있는 것이 아니다. 만약 길을 가다 식량이 떨어져 굶어 죽는다 해도, 전적으로 자기 책임이다.

현재 우리 사회에는 호적이 있고, 국가 내에서 언제 어디서든 조건 없이 옮길 수 있다. 하지만 중국에서는 도시 호적과 농촌 호적이 구분되어 있어 자유롭게 변경할 수 없으며, 농촌 호적을 가진 사람은 도시로 이주할 수 없다. 도시에서 돈을 벌려면 비자가 필요하고, 아이를 도시의 학교나 대학에 입학시키기도 어렵다. 중국에 비하면 일본은 이동과 거주의 권리가 보장되어 있으며, 원하는 곳으로 자유롭게 이주할 권리가 있다. 그러나 이동과 거주의 권리가 있기 때문에 오키나와 주민이 도쿄에 호적과 주민표를 옮겨 이주할 수 있다고는 해도, 오키나와에서 도쿄까지 갈 비용이 없다면 실질적으로는 이주할 수 없다. 그렇다고 해서

'나에게는 도쿄로 이주할 권리가 있으니 교통비를 지원해 달라, 도쿄에서 살 집과 일자리를 마련해 달라'며 정부에 요구할 수는 없는 것이다.

도쿄까지 직접 교통비를 부담해서 갈 수 있고, 그곳에서 일자리를 구해 집을 빌리고 생활할 수 있다면, 국가는 이를 금지해서는 안 된다는 의미다.

즉, 자연권이란 인간이 그 본성에 따라 행동하는 것이 '가능하다면' 자유롭게 해도 되고, 국가 권력은 이를 방해해서는 안 된다. 하지만 물리적, 신체적, 경제적으로 '불가능'한 경우에는 어쩔 수 없으며, 괜히 실행했다가 발생하는 손해는 본인의 책임이다. 자연권이란 '반드시 해야 할 일'이라는 규범적인 개념이라기보다, '할 수 있는 능력'에 가까운 개념이다.

보강
3

사회권이라는 말에 속지 마라

역사적으로 보면 이 '자연권'은 '가진 자', 그러니까 '힘(체력, 지력, 재력 등) 있는 자'가 '국가의 간섭 없이 자유롭게 ~할 수 있는 권리'로 여겼다. 그런데 이후 '힘없는 자'가 '국가에 보장받아 ~할 수 있는 청구권', 즉 '사회권'이 등장했다. 사회권이 최초로 명시된 것은 1919년 독일의 바이마르 헌법으로 알려져 있는데, 일본 헌법에서도 그 전형을 찾아볼 수 있다. 제25조의 "모든 국민은 건강하고 문화적인 최저한도의 생활을 누릴 권리를 가진다. 국가는 모든 생활 부문에서 사회복지, 사회보장 및 공중위생의 향상과 증진에 힘써야 한다"가 대표적이다. 또한 제26조에서 명시한 "모든 국민은 법률이 정하는 바에 따라, 그 능력에 맞춰 동등하게 교육받을 권리를 가진다. 또한, 모든 국민은 법률이 정하는 바에 따라 보호하는 자녀에게 보통교육을 받게 할 의무를 가진다. 의무교육은 무상으로 한다"도 사회권이다.

'사회권'은 국가에 대한 청구권이므로 근대 국가가 등장하기 전에는 당연히 존재하지 않았다. 그런 의미에서 사회권이란 보편적인 개념이 아니거니와, 인간의 본성에서 유래한 것도 아니라는 사실은 자명하며 굳이 설명할 필요도 없을 것이다. 그래도 잘 모르겠다는 사람은 컬트에 세뇌된 신자와 다를 바 없어서 구제할 방법이 없다. 이 이상 읽어봤자 아무것도 이해하지 못할 테니, 여기서 책을 덮는 게 낫겠다.

전근대는 둘째 치고, 현재 사회권이 보편적 인권이라고 말하기도 어렵다. 일본 헌법에서도 생존권과 교육권은 모두 국민에게만 보장된다. 국민에게만 주어지는 권리가 보편적일 리 없다. 라오스나 모리타니나 수리남에서 생활보호 신청이 들어와도 받아들여지지 않을 것이다. 일본 내에서도 자국민이 아닌 사람이 비자를 갖고 있지 않으면 불법체류로 간주되어 수용시설에 죽을 때까지 감금하는 나라가 보장하는 권리가 보편적이 아니라는 사실 또한 자명하다.

국제법에서는 어떨까. 예를 들어 국제인권규약은 원칙적으로 '국민'이 아니라 '모든 인간'을 대상으로 한다. 이 규약은 국제연합 총회에서 채택되어 1976년에 발효되었고, 일본도 1979년에 비준했다. 그러나 사실 일본이 이 규약의 모든 조항을 비준한 것은 아니다. 예를 들어 B규약의 제1 선택 의정서를 인정하지 않았기 때문에, 일본인이 일본 내에서 일본 정부에 의해 인권 침해를 당하더라도 국제연합 규약 인권위원회에 소송을 제기할 수 없다. 또한, B규약의 제2 선택 의정서(사형 폐지 의정서)도 비준하지 않았다. 사형 폐지는 일본뿐만 아니라 국제연합 상임이사국 중에서도 미국, 중국, 러시아까지 과반수가 반대했으며, 세계에서 인구가 가장 많은 인도도 이를 인정하지 않았다. 이런 현실을 보면, 현대사회에서도 사회권은 물론이고 자유권조차도 결국 그림의 떡에 불과한 셈이다.

인간이 평등한 것은
'인간'이라는 사실에 대해서만 말할 수 있다

인권은 허위다. 따라서 사실은 인권을 둘러싼 논의 자체가 틀렸으며, 이를 전부 다 따지기 시작하면 끝이 없다. 여기서는 근본적인 문제를 두 가지만 짚어보겠다. 국제 인권 규약에서는 모든 인간이 평등하며 **빼앗을 수 없는** 권리를 인정한다고 규정하지만, 애초에 인간의 평등이라는 개념 자체가 근본적으로 잘못되었다. 모든 인간은 키, 몸무게, DNA 배열 등 다양한 속성이 서로 다르다. 즉, 인간은 모든 면에서 저마다 다른 것이다.

인간이 평등하다는 것은 오직 '인간'이라는 범주에 안에서만 말할 수 있고, 그 이상도 그 이하도 아니다. 인간이 인간이라는 점에 대해 평등하다고 해서 인간 남녀가 반드시 평등해야 할 필요도 없거니와, 피부색을 이유로 차별해서는 안 된다는 결론으로도 이어지지 않는다. 인간이 인간의 성에 대해 평등하다는 원칙을 어기는 처우란, 남녀를 차별하고 인간 남성과 수컷 원숭이, 수컷 사마귀를 인간 여성보다 우대하며, 인간 여성을 암컷 원숭이나 암컷 사마귀와 동일하게 취급하는 것이다. 또한, 백인, 백곰, 배추흰나비를 단순히 '색이 하얗다'는 이유로 흑인보다 우선시하거나, 흑인을 흑곰이나 검은 호랑나비와 동등하게 간주하여 잡아먹거나 표본으로 만드는 것이나 마찬가지다. 비록 성별이나 피부색이 다를지라도, 인간은 하나의 범주로 묶어 '인간'으로서 취급해야 한다. 인간 여성이나 흑인을 남성이나 백인과 같은 인간으로 보지 않고, 단순히 성별이 같거나 피부색이 같다는 이유로 원숭이나 곰과 같은 다른 포유류나 사마귀, 나비 같은 곤충과 같은 종으로 취급하면 안 된다. 인류가 인간이라는 점에서 평등하다는 개념은 그런 의미일 수밖에 없다.

애초에 여러 면에서 완전히 다른 인간을 모두 동일시해서 평등하게 취급하는 것은 모순 그 자체다. 하지만 인간의 인식 능력으로는 개개인의 모든 차이를 완전히 파악하기란 불가능하다. 인류 개개인이 지닌 무수한 차이를 모든 국면에서 고려하고, 각 속성의 차이를 전부 다 정량적으로 분석해서 그에 따른 판단과 평가를 내리고, 적절히 중요도를 매겨 종합적이자 객관적으로 적절한 처우를 할당하는 것은 인간의 정보 처리 능력으로는 감당할 수 없다.

그래서 사실은 누구 하나 똑같은 취급을 하지 않고 각 상황에 맞게 개인마다 다른 대응을 하는 것이 가장 공평하고 정당하다. 하지만 보통은 이렇게 할 수 없으니 키, 몸무게와 같은 물리적 속성, 성별, 나이, 혈액형, 지능, 인종 등의 생물학적 속성부터 언어, 종교, 직업, 민족, 재산 등을 포함한 문화적 속성까지 여러 속성을 똑같은 것끼리 하나의 카테고리에 묶고, 카테고리마다 대응 매뉴얼을 만들어야 한다. 이렇게 하면 세계의 복잡성을 다룰 수 있는 수준까지 단순화할 수 있다. 따라서 현대 세계에서는 인류를 80억 개의 개별적인 존재로 구분하여 각각에 맞게 차별적으로 대응하는 것이 사실은 맞는 방법이다. 하지만 이는 현실적으로 불가능하기 때문에 묶기 쉬운 속성들을 하나의 카테고리에 묶고, 이러한 카테고리의 조합을 바탕으로 인간의 처우를 매뉴얼화하여 편의에 맞게 활용하는 것이다.

이러한 점을 올바르게 인식하지 않으면 인권에 관한 논의는 전부 다 틀리게 된다.

이 세상에 정의라는 건 없다

그리고 한 가지 더 본질적인 문제가 있다. 국제 조약이든 국제 규약이든 '국제'라는 말을 내걸고 있지만, 실제로 인류의 99.99% 이상이 철저히 배제된 채 소수의 관료가 만들어낸 산물이라는 점이다. 사실 근대국가의 법률이라는 것이 그렇다. 독자 중에서 살인죄나 절도죄의 정확한 내용을 아는 사람이 얼마나 될까? 대부분은 남을 죽이거나 남의 물건에 손을 대는 일이 잘못되었다는 사실을 막연히 알고는 있지만, 법조계에 종사하는 사람이 아니라면 형법상 살인죄나 절도죄의 조문을 정확히 아는 사람은 드물다. 당연한 결과다. 의무교육에서 형법이나 민법의 기초를 배우지 않기 때문이다. 국내법조차 이러하니, 법인지도 잘 모르겠고 있는지 없는지조차 분명하지 않은 국제법을 일반 사람들이 알 리가 없지 않은가.

자신들과 가치관이 다른 사람을 미개인, 야만인이라 칭하며 업

신여기고, 그들을 정복한 뒤 무력으로 자신들의 가치관을 강요하고 세뇌했다. 이에 반발하는 자는 노예로 만들어 억압하거나 말살하는 것이 서양 제국주의 열강의 방식이었다. 이렇게 강요한 것들을 '보편적'이라느니 '인류 공통의 가치'라느니 미사여구로 포장하고, 상대가 합의했다는 식으로 만들지 않으면 만족하지 않는다. 하지만 이렇게 강압적으로 밀어붙이는 것은 사실 자신들이 틀렸다는 것을 무의식적으로 알기에 떳떳하지 못한 마음을 감추기 위한 것이라고 나는 생각한다.

이데올로기를 벗겨내고 사실을 직시하면, 인권, 특히 사회권은 인간의 본성에서 유래하는 것도, 보편적인 것도 아니다. 단지 서양 제국주의자들의 후손 중 극히 일부가 자신들의 취미를 억지로 밀어붙이려는 문화식민주의의 한 형태에 불과하다.

과학적으로 봤을 때, '인간'이라는 개념은 존재하지 않는다. 우리가 인간이라 부르는 것은 공간에 존재하는 소립자 덩어리일 뿐이고, 인간의 행위라고 하는 것도 결국 물리법칙에 따라 움직이는 소립자의 운동에 불과하다. 처음에 나왔던 LGBT를 다시 예로 들어보겠다. 현대의 자유주의자들이 LGBT로 상징할 만한 인간이 실제로 존재했다면, 이를 인정하는 문화도 있고 엄격히 금지하는 문화도 있으며, 각 문화 내에서도 다수 의견과 소수 의견을 포함한 다양한 생각이 있었던 것도 사실이다. 이는 시대와 장소를 막론하고 우리가 살인이나 강도라고 부르는 행위가 항상 존재해왔으며, 이를 실행하는 자와 벌하는 자가 있었고, 그에 대한 다수 의견부터 소수 의견까지 다양한 생각이 존재했던 것과 똑같다. LGBT가 자연스러운 것도, 그것을 금지하는 쪽이 자연스러운 것도 아니다. 과학적으로는 모두 그럴 만해서 그렇게 된 것뿐이다. LGBT를 인정하는 사람이 다수인 문화도 있고, 금지하는 사람이 다수인 문화도 있다. 하지만 다수파라고 해서 옳고 소수파라고 해서 틀렸다는 것은 아니다. 유전자 질환인 백색증이 소수라 할지라도, 그것이 악이며 처벌받아야 할 대상이 아닌 것과 마찬가지다. LGBT뿐만이 아니다. 인권이라 불리는 것을 빼앗겨 고통 속에서 죽는 사람도 있고, 반대로 인권을 유린하더라도 더없는 영화를 누리고자 안락사를 택하는 사람도 있다. 이 모든 것은 소립자의 운동일 뿐이다.

그것만이 객관적 사실이며, 그 외의 것은 객관적으로 진위를 따질 수 없는 '주관'에 불과하다. 나는 이 우주를 초월하는 신의 존재와 신이 정한 정의의 법이 존재한다고 믿으며, 내 주관을 타인에게 강요하는 것은 신의 가르침을 거스르는 행위라고 생각한다. 따라서 서양인들이 그들 나라에서 무엇을 하든 '자유권'적인 의미에서 '자유'라고 인식한다. 그러나 그들이 국가의 권위를 앞세워 같은 신앙을 가진 친밀한 동료의 생활권을 침해한다면, 이에 저항하는 것도 '자유권'이라고 생각한다. 다만, '자유권'이란 청구권이 아니라 능력이다. 따라서 자기 능력을 잘못 판단해서 국가 권력의 부당한 침해를 물리칠 수 있을 것이라 믿고 저항했지만, 결국 반격당해 죽거나 큰 부상을 입거나, 납치, 감금, 학대를 당하게 되더라도 결국 그 책임은 그릇된 판단을 내린 본인에게 있다.

맺음말

이 책이 나올 때쯤, 목숨이 있다면 저는 63세입니다. 나이가 들면 세월이 빨리 가는 것처럼 느껴집니다. 20년 전의 일은커녕 50년 전의 일도 마치 어제 일처럼 느껴집니다. 모든 게 꿈같아요. 뭐, 물론 대부분의 일들은 다 잊었지만요.

100만 년을 살아도 100억 년을 살아도 아마 같을 겁니다. 몇 년을 살든 사람은 모두 죽습니다. 제가 100억 년 후에 죽는다 해도 지금 죽는 것과 크게 달라지진 않을 테고, 100억 년 전의 일을 마치 어제 일처럼 떠올리며 "아아, 모든 것은 꿈같았구나"라며 되돌아보겠지요.

갈릴레오와 뉴턴 등이 만들어낸 근대과학은, 천상계가 지상계와는 완전히 다른 신과 천사의 영역이 아니라, 이 우주 어디에서나 지구와 똑같은 물리법칙이 적용되며, 우리가 사용하는 수식으로 이를 설명할 수 있다는 사실을 밝혀냈습니다. 1961년에 세계 최초로 유인 우주비행에 성공한 소련의 가가린은 "어디에도 신은 없었다"라고 말했다고 전해집니다.

그 후 상대성이론과 양자역학의 발전으로 현대 천문학은 비약적으로 진보했으며, 우리가 관측할 수 있는 우주의 나이는 약 138억 년으로 추정됩니다. 또한 이 우주가 광속을 넘어 팽창하고 있다는 사실이 증명되었습니다. 그러나 어떤 천체망원경에도 신이나 천사의 모습은 포착되지 않았고, 현대과학은 도덕법칙이 성립할 만한 자연현상을 우주 어디에서도 찾아내지 못했습니다.

현대물리학으로는 10^{27}m 규모인 우주의 생성, 그리고 10^{-35}m 규모인 소립자의 움직임에 대해 오차범위 $\frac{1}{10^{15}}$까지 정확하게 알 수 있습니다. 하지만 우주의 스케일과 소립자의 스케일 사이에 존재하는 휴먼 스케일은 상황이 다릅니다.

인간의 직관을 거스르는 여러 가지 신기한 현상이 일어나는 상대성이론이나 양자역학을 꺼낼 필요도 없습니다. 고전역학에서도 국소적인 상호작용을 하는 물체가 세 개만 되어도, 초기 조건의 아주 작은 변화가 결과에 큰 영향을 미친다는 삼체문제가 있습니다. 또한 거시적 레벨에서는 '나비의 날갯짓이 세상 어딘가에서 회오리를 일으킨다'는 비유로 유명한 나비효과처럼, 아주 작은 변화가 시스템 전체에 미치는 영향을 볼 수 있습니다.

삼체문제와 나비효과는 복잡한 비선형 시스템의 예측 불가능성을 연구하는 카오스 이론의 대표적인 사례입니다. 인간의 행동이나 사회의 동향은 개체 간 차이와 상호작용이 얽힌 복잡한 네트워크가 만들어내는 시스템입니다. 이러한 시스템에서는 카오스 이론이 적용될 수 있는 여러 사상들이 수없이 존재하기 때문에, 휴먼 스케일의 인문과학이나 사회과학에서는 높은 정확도로 예측하거나 예상하기가 어렵습니다.

인문과학이나 사회과학의 이론을 꺼낼 필요도 없습니다. 2019년 12월에 처음 보고된 신종 코로나바이러스COVID-19는 눈 깜작할 새에 전 세계로 확산되었고, 사람들의 생활을 뒤바꿔놨었지요. 세계 각지에서 록다운이 시행되었고, 수송, 교역, 이동의 네트워크가 완전히 차단되었으면 경제, 정치, 교육, 의료, 복지, 문화까지 모든 분야에서 변화가 일어났습니다.

일본에서는 아베 마스크 소동을 시작으로 다양한 우행이 반복되며 난리법석이 일어났습니다. 2020년 5월 9일부터 2022년 1

월 21일까지 약 2년 9개월 동안 신종 코로나에 감염되어 목숨을 잃은 사람이 6만 4,430명이었던 것에 대해, 제8파인 2022년 12월 1일부터 2023년 1월 21일까지 2개월 조금 안 되는 기간 동안 1만 5,399명이 사망했습니다. 또한 2022년에는 초과 사망자 수가 약 10만 명에 달했는데, 발표된 코로나 사망자 수인 약 4만 명과 비교해 약 6만 명이나 차이가 났으며, 대부분이 백신 접종 부작용에 따른 사망을 포함한 코로나 관련 사망자로 추정됩니다.[1]

코로나 시대에는 의학, 경제학, 사회학을 비롯하여 과학자, 기술자, 정치가, 관료, 미디어 등 다양한 분야의 전문가들이 총동원되었습니다. 그러나 2023년 7월 시점에 되돌아보면, 그들의 예측과 예상이 잇따라 빗나가면서 대응이 잘못되었다는 사실을 알 수 있습니다.

또한 2022년 2월 24일, 러시아의 우크라이나 침공은 서양이 개입하면서 세계 전체를 끌어들였고, 2차 세계대전 이후의 세계질서를 근본적으로 뒤집어엎고 있습니다. 2023년 6월 24일에는 러시아의 민간 군사기업인 바그너의 대표 프리고진이 모스크바를 향해 진군하며, 러시아 공군 파일럿 10여 명이 사망하는 무장반란이 발생했습니다. 이러한 사건은 비록 일부 한정된 지역에서만 발생한 전쟁 수준이지만, 대규모의 국제 관계에서는 동맹,

외교, 재정, 군사 지원 등 다양한 측면에서 실시간으로 변화하고 있음을 보여줍니다. 이에 대해 매스미디어나 연구자는 물론, 직접적인 전쟁 관여국의 첩보기관이나 군사령부, 수뇌조차도 사태 추이에 대한 예상은커녕 현상을 정확히 파악하지도 못한다는 게 밝혀졌습니다.

코로나 시대는 신종 코로나바이러스에 감염된 박쥐와 인간 한 사람의 우연한 접촉이 모든 것의 시초였으며, 우크라이나 전쟁은 러시아의 푸틴 대통령이 그 순간 내린 결단이 없었다면 일어나지 않았을 것입니다. 이른바 나비효과이지요. 만약 박쥐와 접촉하지 않았다면, 푸틴이 그 순간 바나나 껍질을 밟고 미끄러져 머리를 부딪혀 죽었다면, 코로나 팬데믹도 우크라이나 전쟁도 일어나지 않았을 겁니다. 물론, 바나나 껍질은 좋은 비유가 아니지만요.

왜 이런 이야기를 계속하고 있는지 궁금할지도 모르겠네요. 과학의 발전 덕분에 소립자로 이루어진 물질의 조성이 밝혀졌고, 지금은 탄생부터 현재에 이르기까지 우주의 모습을 물리법칙에 따른 물질의 운동으로, 오차 $\frac{1}{10^{15}}$까지 정확하게 기술할 수 있습니다.

그리고 이 과학시대에 학교에서 배운 생물학이나 화학 내용을 전부 잊어버린다 해도, 인간이 물리법칙을 따른다는 것을 부정하는 사람은 거의 없을 겁니다. 현명한 독자 여러분 중에도 울트라맨처럼 인력을 거스르고 하늘을 날거나, 질량보존의 법칙을 무시하고 아사미 히로코 분석관(신 울트라맨의 등장인물로, 엄청 거대한 모습으로 나타나는 장면이 있다-옮긴이)처럼 거대해질 수 있다고 믿는 사람은 없겠지요.

우리는 소립자 덩어리일 뿐이며, 자동차, 신발, 선풍기, 지렁이, 땅강아지, 소금쟁이와 마찬가지로 엄밀하게 물리법칙을 따릅니다. 인간은 말을 하지 않느냐고 하는데, 지금은 아직 신발까지 말할 수준은 아니지만, 자동차나 선풍기 정도는 말할 수 있을 정도로 똑 부러지게 작동하며, 챗GPT는 저보다 더 인간다운 문장을 씁니다.

인간이 물리법칙을 따르는 단지 소립자 덩어리에 불과하다면, 우리의 행동, 사고, 감정, 삶, 죽음도 단순히 소립자 덩어리들의 행동이 모여서 만들어낸 현상일 뿐입니다. 다만, 소립자가 흩어졌다 모였다 하면서 우연히 어느 순간 일시적으로 사람의 형태를 이루고, 다시 뿔뿔이 흩어져 소멸되는 존재일 뿐입니다. 모든 것은 물리법칙에 따라 일어나야 할 일이 일어났을 뿐이며, 그 안에는 아무런 목적도 의미도 없습니다. 우리가 그 과정을 완전히 이해하지 못한다 하더라도 그것은 과학이 아직 충분히 발전하지 않았기 때문이며, 머지않아 그만큼 과학이 발달하면 모든 것을 밝혀낼 날이 올 것입니다.

그렇게 되면 우리가 무엇을 하든, 혹은 아무것도 하지 않든, 모든 것은 그저 될 대로 될 뿐이니, 깊이 고민해봤자 소용없다는 뜻입니다. 태양에게 "너 왜 이렇게 뜨거워? 수상한데"라고 묻는다고 해도, 태양이 뜨겁고 싶어서 타오르는 것이 아닌 이상 꾸짖을 이유도 없고, 설령 혼이 난다 해도 핵융합 반응을 멈출 수 없는 것과 같습니다. 인간의 말과 행동도 일어날 법하니까 일어났을 뿐인데, 그것을 두고 '수상하다'며 다그치거나, 반대로 '훌륭하다'며 칭찬을 해도 의미가 없습니다.

물론, 그렇게 한다고 해서 태양이 시원해지지 않더라도 '수상해'라며 화를 내는 것 역시 일어나야 할 일이 일어나는 것뿐이니 크게 상관은 없습니다. 과학적, 객관적으로 선악이 없더라도 주관적으로 좋다고 생각하면 그렇게 말하면 되고, 말하고 싶지 않으면 말하지 않으면 되며, 정치적 올바름을 의식해 거짓말을 해도 상관없습니다.

무엇을 하든 결국 일어날 일이 일어나는 것이니, 전부 다 용서가 되는 것입니다. 상대가 태양이 아니라 인간이라도 마찬가지입니다. 마음에 들지 않는 사람에게 "넌 쓰레기야, 죽어라"라고 말했다고 해도, 그 상대가 강간, 강도, 살인 등 악한 짓을 저지른 흉악범이 아니라 잘생긴 외모에 운동도 잘하고 좋은 집안 자제에 품행방정하고 다정하고 친절하고 정의감까지 강해서 어디 하나 모난 데가 없는 인기인인데, 자신이 짝사랑하는 사람과 연인이 된 것을 질투한 나머지 화풀이로 말했다 하더라도, 혹은 그 사람이 그 말에 상처 받아 극단적인 선택을 하더라도, 일어날 일이 일어난 것이니 용서가 된다는 말입니다.

물론 그 일로 자살한 사람의 연인이 분노하여 나를 죽인다 해도, 그 또한 일어날 일이 일어난 것뿐이니 그 연인 역시 용서받을 것입니다. 아마 재판소는 그 연인을 살인죄로 처벌하겠지만, 재판관도 당연히 용서받을 겁니다. 그 연인도 감옥에 가서 처벌을 받더라도 본인이 잘못하지 않았다고 생각한다면, 벌이 달갑지는 않겠지만 양심에는 찔리지 않을 테니 역시 용서를 받은 겁니다.

하지만 반대로 생각해서 객관적인 선악이 존재하지 않고 모든 것이 주관적인 판단에 달려 있다면, 본인이 양심에 찔릴 경우에는 법을 위반하지 않거나 타인을 탓하지 않았는데도 자신을 용서할 수 있는 사람은 아무도 없다는 것입니다. 인간이 소립자 덩어리로 물리법칙에 따라 운동하며, 모든 것은 일어날 일이 일어나는 것뿐이고 객관적인 선악은 존재하지 않으며 전부 다 용서를 받는다는 것은, 무슨 일이든 용서받을 일은 없다는 뜻이기도 합니다.

　부모, 선생님, 친구, 스쿨 카스트의 상위자, 연인, 회사 상사, 대학 교수, 종교인, 재판관, 국가의 우두머리, 혹은 익명의 세계, 민족, 인류, 유구한 우주 속에서 한순간에 사라질 양귀비씨처럼 무無나 다름없는 유한한 존재에 불과한 인간의 주관은 시간을 초월해서 객관적으로 실존하는 선악의 기준이 되지 않습니다. 따라서 선악이 주관적인 것인 이상, 본인이 좋다고 생각하는 것 말고 이 세상 무언가의 주관 역시, 그 주관적인 죄가 악이 아니라면 객관적으로 옳다고 선고할 수는 없습니다.

　양심의 가책을 느끼는 사람에게 '당신은 용서받았어'라고 위로하며 구제해주는 사람은 어디에도 없습니다. 그래서 현대과학이 틀림없이 인간의 소립자 덩어리들의 움직임에 불과하다는 것은 모두 용서받는다는 것이기도 하며, 자기 자신이 자신을 긍정하지 않는 한, 자신을 용서해줄 사람은 우주 어디에도 없다는 뜻이기도 합니다.

　만약 본인이 '대학에도 못 가고 취직도 못 하고 아르바이트도 못 구하고 장애인 인정도 못 받고 연인도 안 생기고 가족에게 짐덩어리 취급 받고 아무도 필요로 하지 않고 아무에게도 사랑받지 못하고 살아갈 가치도 없고 죽는 게 나은 쓰레기로 살고 있는 걸 용서받지 못한다', '광합성도 못 하고 에너지를 소비해서 이산화탄소를 배출하기만 하는 유해무익한 식충이로 사는 걸 용서받지 못한다'라고 생각했다면, 다른 누군가가 뭐라고 위로하든 그 사람을 용서할 수는 없는 것입니다.

그래서 '나를 사랑하자', '나를 구제하는 건 오로지 나'라는 살짝 훈훈한 이야기로 마무리 짓고 싶은 것은 아닙니다. 아무리 본인을 스스로 긍정하려고 해도, 그 사람이 '쓰레기'나 '식충이'라는 사실에는 변함이 없습니다. 그것은 살인마나 강도나 강간범이라도 마찬가지입니다. 그렇게 하면, 무엇을 하든지 그건 일어나야 할 일이 일어난 것이니까 상관없다고 주장하는 사이코패스의 뻔뻔한 태도를 정당화하기만 하고 끝날 것 같습니다.

오히려 일반 사람들은 자신들이 하는 모든 행동은 물리법칙에 따라 일어날 만해서 일어난 소립자의 무의미한 운동일 뿐이고, 끙끙 앓아봤자 소용없고, 자신을 용서할 수 있는 사람은 오로지 자신뿐이니까 셀프 칭찬을 해서 마음 편하고 즐겁게 사는 것이 좋다고는 보지 않습니다.

유구한 우주와 비교하지 말고, 가까운 곳에서 손쉽게 승인 욕구를 충족하려고 해야 합니다. 친구나 연인에게 칭찬을 받거나 잘난 체를 하는 것도, SNS에서 '좋아요'를 받고 관심을 끌려고 하는 것도 그렇습니다. 저는 잘 모르지만, 술 마시다 취해 상사의 험담과 불만을 쏟아내서 걱정을 털어내고 상처를 보듬어주는 경우도, 유흥업소에서 돈을 쓰고 승인 욕구를 충족하는 경우도 흔히 있는 패턴이라고 합니다. 야구나 축구나 온라인게임 같은 커뮤니티, 아이돌 '덕질' 같은 '시답잖은' 취미로 승인 욕구를 충족하는 경우도 있겠지요.

또한 어떤 사람들은 정치나 종교 등의 조직에 속해 활동하면서 지도자와 동료들에게 칭찬 받는 데서 만족을 느낍니다. 혹은 정치적, 종교적 대의에 헌신하면 자아도취에 빠져 승인 욕구를 충족하기도 합니다. 나아가 직접 지도자가 되어 신봉자들의 열광적인 숭배를 받고 싶어 하는 경우도 있습니다.

현대사회는 세속화된 서구문명이 세계를 제패하여 사람들은 종교 대신 과학을 도그마(종교상의 교의나 교리-옮긴이)로 삼고, 승려 대신 과학자의 권위 앞에 넙죽 엎드립니다. 지금은 합법적 폭력을 독점하는 국가 권력과 묶어서 사람들을 지배하는 시대입니다.

인간의 삶을 단순히 물리법칙에 따라 움직이는 목적도 의미도 가치도 없는 소립자 덩어리로 받아들이지 못한 채, 주관적인 가치관을 마치 비단 깃발처럼 내걸고 타인에게 히스테릭하게 강요하는 방법만으로 승인 욕구를 정당화하려는 어설픈 과학신앙과 물질주의. 이것이 현대인의 신경증적 상황입니다.

그렇다면 우리를 기다리는 미래는 모두가 더 '과학적'이 되어, 물리법칙이 이끄는 대로 소립자 덩어리로서 과학적인 기술 방식 그대로 행동하며 '선악의 열반'에 도달하는 것일까요? 꼭 그렇다고 단언할 수는 없을 것 같습니다.

다시 한 번 나비효과를 떠올려봅시다. 나비효과는 일반적인 상식이 통하지 않는 현대물리학이 아니라, 사실 고전역학에서 나온 이론이었습니다. 이 용어는 나비의 작은 날갯짓이 지구 반대편에서 거대한 회오리바람을 일으킬 수도 있다는 이미지에서 유래했지요. 그러니까 나비의 날갯짓이라는 아주 미미한 움직임이 예측 불가능한 거대한 결과를 초래할 수 있음을 의미했습니다.

코로나바이러스의 확산도 우크라이나 전쟁도 결국 한 인간의 우연한 행동이 전 세계 사람들의 운명을 크게 바꿨습니다. 학급 폐쇄나 재택근무뿐만 아니라, 물가 상승부터 원하는 물건이 가게에서 사라지는 일까지, 독자 여러분도 일상에서 이런 변화를 직접 경험했을 겁니다. 그런데 우리는 이러한 일들을 예측하지 못했을 뿐만 아니라, 그 추이조차도 전혀 이해하지 못했습니다. 그 이유는 우리가 현대과학의 최첨단 지식을 충분히 알지 못했기 때문일까요?

저는 그렇지 않다고 봅니다. 코로나 확산도 우크라이나 전쟁도 휴먼 스케일의 사건입니다. 우리가 거대하다고 여기는 사건도 소립자 수준에서 보면 단순한 오차 범위에 지나지 않습니다. 코로나 팬데믹과 우크라이나 전쟁이 세계적(지구 규모)인 사건이었다고 해도, 물리적으로는 지구 표층에서 일어난 아주 사소한 일에 불과합니다. 지구 내부에는 아무런 영향을 미치지 않았으며, 지구 전체의 소립자 운동을 고려하면 오차 범위밖에 되지 않는 것이지요.

약 6,600만 년 전에 지구와 충돌해 공룡을 포함한 당시 생물종의 75%를 멸종하게 만들었다는 지름 10킬로미터짜리 소행성은 원자폭탄 100억 개의 위력이 있었을 것으로 추정됩니다.[2] 그럼에도 생물 수준에서 25%는 살아남았으며, 지구 규모로 보면 맨틀층이나 지핵에는 전혀 영향을 주지 않았을 것으로 보입니다. 원자폭탄 100억 개의 위력을 가진 운석의 충돌조차 그 정도인데, 우크라이나 전쟁이 전면 핵전쟁으로 확산된다 하더라도 지구의 운행에 미치는 영향은 여전히 오차 범위에 불과하다고 할 수 있겠지요.

현대과학은 10^{27}m 규모의 우주 생성과 10^{-35}m 규모의 소립자 움직임에 대해서는 오차 $\frac{1}{10^{15}}$이라는 정확도로 알아낼 수 있습니다. 하지만 그 중간 영역인 휴먼 스케일에서 일어나는 사상에 대해서는 어떨까요. 제 생각에는 휴먼 스케일에서 일어나는 나비효과 같은 카오스 현상을 설명하기에는, 현대과학이 아직은 사정거리 밖에 있다고 봅니다.

우선, 나비효과부터 살펴봅시다. 나비의 날갯짓처럼 아주 미세한 변화가 지구라는 거대한 시스템 전체에 영향을 미쳐, 회오리바람처럼 예측 불가능한 현상을 일으킨다는 이야기였지요. 이 과정에서 인간은 직접적인 요소로서 등장하지 않지만, 나비효과에 의미를 부여하는 것 자체가 바로 인간의 시점입니다.

우주 전체 레벨에서 보면 나비의 날개는커녕 지구조차도 무한소 정도로 무시할 수 있을 만큼 미미한 존재입니다. 또한 소립자 레벨에서 보면 나비 역시 단순한 소립자의 집합에 불과하며, 나비 주변 공기 속 소립자와 나비 체내의 공기 속 소립자와 나비를 구성하는 소립자에 별다른 차이는 없으며, 결국 나비라는 것은 존재하지 않습니다. 나비를 나비로 식별하는 것은 어디까지나 동물의 시점으로 본 휴먼 스케일의 해석입니다. 단순히 공기의 소용돌이에 불과한 회오리는 더욱 그렇습니다.

나비의 날갯짓이 지구 어딘가에서 회오리를 일으켰다는 것은

'A가 B로 C를 죽였다'라는 인간의 도덕적 인과법칙의 발상에 따른 것입니다. 물리학적으로 소립자는 확률적인 파동 함수로 존재하며, 광원뿔의 범위 내에서 상호작용을 하고 있습니다. 즉, '나비의 날갯짓'이 '회오리'를 '일으켰다'는 것은 어디까지나 인간의 시점에서 본 것입니다. 나비의 소립자는 지구의 무수히 많은 소립자와 상호작용을 하고 있을 뿐이며, 특별한 카오스는 어디에도 존재하지 않습니다.

나비효과는 역학계의 아주 미세한 변화가 이후 계의 상태를 크게 바꾸는 현상의 한 예로 들 수 있지만, 그것은 어디까지나 휴먼 스케일에서 인간의 시점으로 바라본 이야기입니다. 나비의 날갯짓이 회오리를 일으킬 수는 있어도, 대륙이 바다에 잠길 정도로 생태계 자체를 근본적으로 바꿔버릴 만큼 큼지막한 변화를 초래하지는 않습니다. 더구나, 태양계 레벨에서 지구가 폭발할 정도로 어마어마한 변화의 원인이 될 일도 없습니다.

이야기가 점점 추상적이고 어려워졌으니, 이제 생활에 조금 더 밀착해서 구체적인 이야기로 넘어가 보겠습니다. 독자 여러분에게는 태양의 수명이 이제 약 50억 년 남았다는 이야기보다, 오늘을 어떻게 즐겁게 살아갈지가 훨씬 더 절실한 문제일 것입니다. 그래서 이번에는 독자 여러분이 직접 지금 당장 진위를 확인할 수 있는 이야기를 하겠습니다. 철학 주제 중에 '세계는 5분 전에 아무것도 없는 상태에서 만들어졌을 가능성을 부정할 수 없다'라는 "세계 5분 전 창조설"이라는 것이 있는데, 생각보다 그리 난해한 이야기는 아닙니다.

여러분은 지금 이 책을 읽고 있습니다. 지금으로부터 5분 전에 당신은 지금 당신이 무슨 생각을 할지 몰랐을 겁니다. 만약 5분 전에 당신이 여기까지 읽고 지금 무슨 생각을 하는지 알았다면, 여기서 이 책을 덮으세요. 그렇지 않다면 다음 문제입니다. 지금으로부터 5분 후에 이 책을 더 읽은 당신이 무슨 생각을 할지 예상해보세요.

이 책은 HOP, STEP, JUMP라는 3단계로 구성되어 있는데, 각각 HOP은 과학적으로 봤을 때 우주에는 목적도 의미도 가치도 없다는 사실을 아는 것, STEP은 자유로운 나는 존재하지 않는다는 사실을 아는 것, JUMP는 우주에 외부가 있고, '나'란 그 외부와의 접면이라는 사실을 아는 것이 목적입니다. 결국 자유로운 나는 존재하지 않는다는 사실을 깨닫는 것이야말로, 우주 외부로 시선을 돌리는 열쇠가 됩니다.

이제 슬슬 5분쯤 지났겠네요. 당신이 5분 전에 예상했던 생각이 맞았나요? 만약 예상 적중했다면 당신은 이미 열쇠를 손에 쥐었습니다. 이제 외부에서 들려오는 목소리를 기다리기만 하면 됩니다. 이제 이 책을 덮어도 괜찮습니다. 물론 마지막까지 읽어도 상관없습니다

만약 예상하지 못했다면, 당신은 스스로가 자유로운 의지로 생각하고 있다는 환상에 사로잡혀 있다는 뜻입니다. 그리고 5분 전 시점에서 5분 후에 무언가를 생각해야지 결심했지만, 막상 그 순간이 왔을 때 그 생각을 실천하지 못했다는 의미입니다.

즉, 우리는 스스로 자유롭게 생각하고 있다고 믿지만, 실제로는 그렇지 않은 것입니다. "나는 생각한다, 고로 나는 존재한다^{Je} $^{pense,\,donc\,je\,suis}$"라는 말을 남긴 사람은 근대 서양철학의 아버지라 불리는 데카르트(1650년 사망)입니다. 데카르트는 방법적 회의를 통해 확실한 지식에 도달하고자 하는 출발점으로서 '나는 생각한다'라는 의심의 여지없는 사실에서, '나'의 존재를 추론할 수 있다고 생각했습니다.

데카르트 이후 근대 서양철학은 자연철학과 사회철학을 막론하고, 사고하는 주체로서 '나'라는 개인을 출발점으로 삼았습니다.

하지만 발달심리학에 따르면, 유아가 '나'나 '저' 같은 1인칭을 사용하기 시작하는 시기에는 개인차가 있지만, 대략 1세부터 2세 사이에 자아가 생겨나는 과정에서 함께 일어납니다. 신생아

에게는 아직 자아가 없고, 그저 감각만이 있을 뿐입니다. 그러나 사물을 만지고 몸을 움직이며, 타인의 말과 보살핌을 받고 상호작용을 하는 과정에서 점차 자신과 타인의 경계를 알게 됩니다.

유아는 먼저 자신이 불리는 이름을 듣고, 그것을 '나'로 인식합니다. 개나 고양이도 이름을 불리면서 그 이름에 반응하지요. 하지만 유아는 곧 부모나 연장자들이 다른 사람에게 자신을 가리킬 때 '나'나 '저' 같은 1인칭을 사용한다는 사실을 깨닫게 됩니다.

유아는 자신의 이름과 다른 개체의 고유명, 그리고 자신과 구체적인 관계가 있는 사람의 호칭(아빠, 엄마)을 배운 뒤, 모든 사람이 타인을 마주했을 때 지칭할 수 있는 '이름'이 있다는 것을 이해합니다. 이것이 1인칭을 구사하는 과정입니다. 바꿔 말하면, 개별적인 존재가 아니라 순수하게 타인과의 관계만을 추상적으로 인식할 수 있을 때, 유아는 특정한 고유명을 가진 '나'에서 벗어나 타인과 공유되는 1인칭 '나'로 자리 잡게 됩니다.

독일의 대철학자 헤겔(1831년 사망) 식으로 말하자면, 자기 자신에 대한 반성적 관계가 결여된 '무자각' 상태의 '즉자an sich(독립적인 존재-옮긴이)'에서, 타인과의 교섭을 통해 자기 자립성을 잃는 '대자 für anders(타인을 위한 존재, 타인에 의해 인식되는 존재-옮긴이)'로 발전하면서 유아에게서 1인칭 '나'가 분리되어 나오는 것입니다.

왜 이런 이야기를 하고 있을까요? 사실 '나'라는 개념은 명증적으로 의식에게 주어진 것이 아니라, 타인에 의해 드러나는 대자적인 것입니다. 다시 말해, 명증적인 자신의 의식이 '자自와 타他'로 분열한 후, 그 '자自'가 '타인에게 있어서의 타인'이라는 보편적인 형식으로 반영된 자기상自己像(자기 자신에 대하여 생각하고 느끼는 내용-옮긴이)인 것이지요. 따라서 확실한 지식의 출발점이 되는 의식에게 명증적으로 직접 주어진 것이 아니라는 말을 하고 싶었습니다.

"나는 생각한다, 고로 나는 존재한다Je pense, donc je suis" 이야기로 돌아가겠습니다. 사실, "나는 생각한다, 고로 나는 존재한다"라는 데카르트의 방법적 회의에서 도출된 명제는, 서유럽 언어가 주어와 동사를 기본으로 문장을 완성하는 구조이기 때문에 성립되는 것처럼 보이는 오류입니다. 의심할 여지가 없는 출발점은 의식 앞에 나타나는 '나는 생각한다'라는 사실이 아니라, '사고' 그 자체입니다.

신생아는 단순한 감각만 가지고 있습니다. 그러나 말을 배우고 나면, 언어적으로 분절화된 의식 안에서는 항상 언어로 생각하는 흐름이 생깁니다. 그중 대부분은 입으로 말하지 않고 마음속에서 하는 혼잣말이지만, 알기 쉽게 일상에서 우리가 자주 사용하는 말을 예로 들어보겠습니다.

'더워~!', '아얏!', '짜증 나!'

이 말들을 영어로 표현하면, "It's hot", "It hurts", "It's annoying"이 되겠지요. 모든 문장에 '나'가 들어가지 않습니다. 그러면 '나'가 나오는 표현으로 바꿔보겠습니다.

"I'm feeling hot", "I'm in pain", "I'm annoyed" 알기 쉽게 직역해봤습니다.

'나는 덥게 느껴진다', '나는 아픔 속에 있다', '나는 짜증이 난다'라는 표현이 되겠네요. '더워~!', '아얏!', '짜증 나!'라는 말은 여러분이 하든, 혼잣말로 하든, 주변에 사람이 있을 때 소리 내어 말하든 전혀 어색하지 않게 술술 나올 것입니다. '짜증 나!'를 소리 내어 말할 때만큼은 같이 있는 친구에게만 들리도록 작은 소리로 내뱉는 경우가 많겠지요.

그에 대해 '나는 덥게 느껴진다', '나는 아픔 속에 있다', '나는 짜증이 난다'는 어떨까요. 애초에 마음속으로 이렇게 혼잣말을 하는 사람은 없겠지요. 만약 그렇게 말하는 사람이 있다면, 그것은 어떤 상황 속에서 마음의 상태를 표현하는 것이 아니라, 그 상황에 놓인 자신의 마음속을 객관적으로 관찰한 표현이겠지요.

즉, 서유럽 언어에서 문장의 주어로 나타나는 1인칭 '나'는 언어적으로 분절화된 의식, 혹은 사고의 주체가 아니라, 오히려 사고의 대상이 되어 주어에 속합니다. 앞서 언급했듯이 1인칭 '나'는 대자적 존재이므로, 예외적으로 즉자적인 자신에 대해 생각할 때만 나타나는 일종의 타인이라 할 수 있습니다. 이것은 오른쪽에서 들었던 것처럼 꼭 단순한 감정의 의식에만 한정되지 않습니다.

SNS에서 언쟁할 때 자주 쓰이는 표현 중에 "그건 당신 생각이겠죠"가 있습니다. 마침 지금 트위터에 올라온 글을 예로 들어보겠습니다.

1. "다툼 없이 다들 친하게 지내야 모두 행복하잖아?" "그건 네 생각이지."

2. "역사적으로 보면 야만적인 러시아군 해체가 제일 평화롭지. 내다버리는 행위를 하는 사람이나 나라가 어떻게 타인이나 다른 나라의 신뢰를 받겠어. 인간으로서 감성을 지킬 용기도 갖지 못하고 그저 편하게만 흘러가는 인간은 절대 신뢰 못 받아. 절대로." "그건 당신 생각이겠죠."

3. "솔직히 전 일과 육아도 힘든 점과 즐거운 점이 있어서 제대로만 하면 스스로 성장할 수 있는 거니까 힘들다는 이유로 도망치는 건 아깝기도 하고 재미없다고 느껴져요. 다들 즐겁게 영어

공부해요!" "그건 당신 생각이죠."

언쟁이 맞고 틀리고는 상관없습니다.

아인슈타인의 'E=mc²'에 대해 어중이떠중이 A는 "그건 당신 생각이죠"라고 하고, 뉴턴의 'F=ma'에 대해 어중이떠중이 B도 "그건 당신 생각이죠"라고 말하는 것과 같습니다.

아무리 복잡하고 난해한 생각이라도, 사고란 '나'가 '생각하는 것'이 아니라, '나'가 나타났다는 것이라고 한다면, 이는 '그 사고'와 '나'의 관계가 주어로서 의식에 올라와 있다는 의미입니다. 즉, 처음에 했던 생각을 달리 표현하는 것이 아니라, 더 고차원적인 다른 사고가 이루어졌다는 것입니다.

이 책을 읽고 있을 때는 단순히 그 텍스트가 의식으로 흘러들어갈 뿐이며, 그에 더해 '나'가 무언가를 새로 생각하는 것은 아닙니다. 그런 게 아니고, 그것은 텍스트를 다 읽은 후에 이해하는 과정에서 의식 위에 새롭게 떠오르는 것입니다.

언어적으로 분절화된 즉자적 의식은 사고의 주체가 아니라, 사고가 떠오르고 흘러가는 장소 같은 것입니다. 저자가 '쓰고' 독자가 '읽는다'는 '표현'으로 이루어지는 커뮤니케이션은 언어를 매개로 진행됩니다. 지금까지 언어적으로 분절화된 의식에 대해 이야기했지만, '나'를 언어적으로 분절화된 의식으로 되돌려보낼 수는 없습니다.

 어려운 이야기는 아닙니다. 문장을 읽거나 쓸 때, 언어적으로 분절화된 의식은 그 텍스트의 흐름 자체가 되지만, 그때도 다른 감각기관은 여전히 기능합니다. 텍스트 문장 이외의 시야에 있는 시각정보는 의식에는 올라가지 않지만 나에게는 인식됩니다. 청각, 미각, 후각, 촉각도 마찬가지입니다. 그뿐만 아니라, 배고픔이나 목마름 같은 욕망도 일단 의식에는 오르지 않지만 존재합니다.
 그러한 낮은 차원의 감각과 욕구뿐만이 아닙니다. 오감의 기억, 특히 태어난 후 그때까지 들은 모든 인간의 음성, 눈으로 본 모든 문장은 기억이 나지 않더라도 무의식중에 저장되어 있고, 이는 언어적으로 분절화된 의식을 만들어냅니다. 따라서 이 책처럼 인간이 만들어내는 저서나 논문 등은 대자적 의식인 '나'의 작품이라기보다, 오히려 그 인간이라는 '장소'에 저장된 언어와 어휘뿐만 아니라, 이를 문장으로 정리한 문법의 이해를 포함한 것입니다. 스위스 언어학자 소쉬르(1913년 사망)는 이를 랑그(개개인이 사용하는 구체적인 말이 아니라, 일정한 공동체나 사회가 공유하는 언어 시스템, 즉 '언어체계')라고 했으며, 이는 바로 작품을 만들어내는 주체라 할 수 있다고 저는 생각합니다.

그리고 AI가 급격히 발전하면서, 이제는 PC를 두드리면 순식간에 인터넷에 저장된 언어정보에 접근하고, 그것을 꺼내어 가공할 수 있게 되었습니다. 지금까지 인간의 기억에 의존했던 어휘와 문법 규칙의 이해가 AI의 네트워크상 언어정보 데이터뱅크와 문장 생성 소프트웨어의 조작능력으로 바뀌고 있는 것 같습니다.

애초에 자유롭게 행위하는 주체로서의 '나'라는 개념이 해체되면, 모든 '나'는 관측할 수 있는 것만을 '객관적' 실재로 인식하게 되며, 인간은 소립자 덩어리에 불과하고 그 움직임은 엄밀히 물리법칙에 따르며 물리학 용어로 기술된다는 근대 서구과학의 세계관은 근본적으로 무너집니다.

앞서 여러분과 실험해봤던 것처럼 우리 인간에게 가장 중요한 문제는, 자신이 5분 후에 무엇을 생각하고 무엇을 바라고 있을지조차 알 수 없다는 점입니다. 5분을 1분으로 줄이거나 하루로 늘려도 마찬가지입니다. 자신의 마음조차 그러한데, 타인의 마음은 더 까마득하지요.

그리고 그것은 물리학이 발전한다고 해서 해결되는 문제는 아닙니다. 마음속에 대해서는 실증을 하기가 어려우니 인간의 움직임을 통해 사고실험을 해보겠습니다. 예를 들어 좋아하는 사람이 있고, 결혼을 전제로 교제하고 싶다고 생각해보세요. 그때 가장 옳은 과학적 선택은 물리학적인 해석일까요?

자신과 상대의 10년에 걸친 행동에 대해, 자신과 그 상대를 물리학에 따라 각각 소립자의 조성을 엄밀히 기술합니다. 그런 다음, 양자의 소립자끼리 상호작용할 수 있는 범위 내 환경에 대해서도 마찬가지로 엄밀히 기술한 후, 그 양자를 구성하는 소립자 운동의 10년에 걸친 추이 모델을 만듭니다. 그리고 그 안에서 양자가 혼인신고서를 제출하여 수리를 받는 소립자의 상태가 일어날 확률을 구하고, 가장 개연성이 높은 모델에 맞춰 행동한다는 것이 되는 겁니다.

물리학에서 이러한 장기 예측이 불가능하다는 것은 카오스 이론의 삼체문제와 나비효과를 예로 이미 들었습니다. 하지만 그 이전에도 애초에 '나와 파트너가 혼인신고서를 내고 수리 받은 상태'가 소립자의 움직임으로서 어떤 식으로 기술될지, 물리학자가 아닌 저는 전혀 상상이 되지 않습니다.

따라서 간략하게 단기 예측을 해보겠습니다. 그러면 내일 어떻게 하는 것이 가장 최선일지 생각해봅시다. '나와 그 상대를 물리학에 따라 소립자의 조성을 각각 엄밀히 기술한다. 그런 다음, 양자의 소립자끼리 상호작용할 수 있는 범위 내 환경에 대해서도 마찬가지로 엄밀히 기술한다'라는 부분까지는 똑같습니다.

그래도 빛이 하루에 닿는 거리는 25억 킬로미터 정도인데, 그렇다면 환경을 엄밀하게 기술하기 위해서는 천왕성 부근의 소립자까지 전부 다 알아내면 되니까 태양계 바깥까지 기술해야 하는 1광년에 비하면 훨씬 수월합니다. 그러나 실제로 인류는 천왕성은커녕 지구의 맨틀층에서 지구 핵까지 대략적인 구조조차 관측할 수 없으니 증거가 없는 추측밖에 할 수 없습니다. 아무리 자금을 투입하고 지상의 모든 물리학자와 실험기구, 컴퓨터까지 총동원해도 하루에 할 수 있는 일은 전혀 없을 것입니다.

환경 이전에 자신과 상대의 소립자 조성을 엄밀히 기술하려고 해도, 관측하고 측정하는 동안에도 그 상태가 시시각각 변하기 때문에 관측 자체가 성립하지 않습니다. 하지만 현실적으로는 불가능하더라도, 이 사고실험의 결과는 명백합니다. 전 세계의 모든 자원을 쏟아부어서 자신의 소립자 조성과 움직임을 측정하기 시작한 시점에서 그 상대가 실험을 계속 진행하거나 결혼을 수락하는 일은 결코 일어나지 않을 것이 뻔히 보입니다.

인간에게 절실한 이런 문제에서 가장 엄밀한 과학인 현대물리학을 예로 들어 과학의 무력함과 '과학적'으로 움직이는 것의 부적절함을 이해했을 겁니다. 하지만 그렇게 말하고 끝내면, 결국 '인간은 아직 미개하다'거나 '과학을 더 발전시켜야 한다'는 식으로 결론이 날 뿐입니다. 그런데 그런 말을 하고 싶은 건 아닙니다.

휴먼 스케일의 인간 문제에서 과학이 힘을 발휘하지 못하더라도, 다른 훨씬 유효한 대처법이 존재합니다. 인문과학이나 사회과학, 일반교양을 꺼낼 필요조차 없습니다. 유사 이래 인류가 반복한 방식입니다. 청혼을 하고, 그에 대한 답을 물으면 됩니다.

물론 때와 장소와 상황에 따라 가장 적합한 방법은 달라집니다. 물어본다고는 하지만 현대사회에서 짝사랑하는 사람이 그렇게 친하지 않은 경우, 상대방 주소를 찾아내서 꽃다발을 들고 한밤중에 집으로 찾아가 청혼가를 부른다면 스토커로 신고당하고 접근 금지 명령이 내려질 테니 절대 안 됩니다.

지인을 통해 상대방 연락처를 알아내고, 일단 식사라도 같이 하자고 하는 게 무난하겠지요. '무조건 OK를 받아라! 첫 데이트로 자연스럽게 식사 가자고 하는 법' 같은 매뉴얼을 찾아 읽을 필요는 없지만, 적어도 상대를 알아둘 필요는 있습니다. 상대가 이슬람교도인데 돈가스 집이나 돼지뼈 라면집에 데려가는 건 말도 안 되겠지요. 물론 이슬람교도가 아니더라도 데이트할 때 돈가스집이나 라면집은 그리 좋은 선택이 아니라고 생각합니다.

사실, 모르는 게 있으면 묻는다는 것은 언어를 획득한 호모사피엔스에게 지극히 범용적인 생존 전략이자 이해와 지식을 획득하는 방법이며, 학계를 포함한 실제 사회의 처세술이기도 합니다. 학술논문도 그런 것들을 세련되게 다듬어낸 것에 불과합니다. 학계에서도 이과와 문과를 불문하고, 연구자는 먼저 세미나나 연구실 선배들에게 그 전문 분야의 문화권에서 통용되는 예의, 작법, 관습부터 구체적인 연구 테마 고르는 법, 기본 문헌, 최신 연구 동향, 논문 쓰는 법까지 묻고 배우면서 직업 연구자의 길을 밟기 시작합니다.

현재는 사람에게 묻는 대신 AI에게 묻거나 인터넷으로 검색하는 일도 늘었지만, 모르는 것은 아는 사람이나 알 것 같은 사람에게 묻는 것이 모든 지식의 지름길이라는 사실에는 변함이 없습니다. 인터넷 검색도 그런 방법을 응용한 것이지요. 연구를 하면서 그 분야의 선행 연구를 참조하는 것도 질의응답이 진화된 형태라고 볼 수 있습니다.

지금 세상은 '자신의 머리로 생각해라'라는 시야 좁고 무책임한 바보들의 망설이 흘러넘칩니다. '생각'이란 '머리에 떠오르는 것'이지, 사람이 자유로운 주체로서 의도적으로 할 수 있는 게 아니라는 사실을 지금까지 끈질기게 언급해왔으니 반복은 하지 않겠습니다. 그러면 일단 '자신의 머리로 생각하라'라는 말을 상식적인 의미에서 풀어내서, 타인의 말을 믿지 말고 타인에게 묻지도 말고 그 시점에서 자신이 가진 지식만 가지고 문제를 풀고자 하는 것이라고 칩시다.

그렇게 했으면 호모사피엔스는 지금도 침팬지나 고릴라, 오랑우탄 같은 유인원 친구들과 함께 자연과 공생하며 숲속에서 지냈을 겁니다. 사람들이 부모의 말을 공유해서 쓰지 않고, 언어 철학자 비트겐슈타인(1951년 사망)이 말한 '사적 언어'를 저마다 각자 생각하려고 했다면, 인간은 서로 언어적 소통을 나누지 못하고 복잡한 지식이나 문화를 전할 수 없었을 테니까요.

과학 역사에 남는 대천재 뉴턴(1727년 사망)조차 "내가 더 멀리 볼 수 있었다면, 그것은 거인들의 어깨 위에 올라서 있었기 때문이다"라고 말했습니다. 뉴턴 같은 천재가 아니라, 범인인 제 머리로 생각하려 해도 아무것도 떠오르지 않아서 시간을 낭비하거나, 틀린 결론에 도달해서 시간 낭비를 하는 것에서 그치지 않고 결국 실패만 반복하다 끝나겠지요.

우리는 컴퓨터를 사용하려면 구조부터 배우고, 하드웨어를 설계하고 재료를 조달해 직접 조립하고, 소프트웨어를 직접 프로그래밍하고 인스톨해서 실행할 필요가 없습니다. 잘 아는 사람에게 목적에 맞는 가장 좋은 기종이 무엇인지 묻고, 그것을 사서 사용법을 잘 아는 사람에게 배워서 쓰면 됩니다. 전자레인지나 에어컨도 움직이는 원리 같은 걸 생각하지 않고 스위치만 누르면 되는 것과 똑같지요.

'빛이 하루에 닿는 거리는 25억 킬로미터 정도'라고 썼지만, 빛의 속도를 제가 직접 머리로 생각했다면, 그것만 하다 평생 모른 채로 끝났을 겁니다. 애초에 25억 킬로미터라는 숫자를 쓰면서도 얼마나 먼 거리인지 상상도 되지 않습니다. '10^{-35}m'는 더 이해할 수 없습니다.

인간에게 중요한 휴먼 스케일의 사상에 대한 과제를 해결하려면, 아주 정확한 수치로 가설 검증이 가능한 객관적인 과학보다, 잘 모르겠으면 아는 사람(혹은 알 것 같은 사람)에게 묻는다는 '원시적'인 행동이 훨씬 더 범용성이 높고 유용하다는 당연한 사실을 먼저 깨닫는 것이 중요합니다. 물론 이것은 과학을 부정하거나 폄하하는 것이 아닙니다.

잘 아는 사람에게 물을 때, 과학의 성과인 휴대전화나 인터넷은 적극적으로 활용해야 합니다. 또한, 인간이 아닌 챗GPT 같은 AI에게 묻는 것도 충분히 좋은 방법일 수 있습니다. 오히려 과학의 성과인 휴대전화나 인터넷 사용이 단기적, 장기적으로 정말 유용한지 물리학적 방법으로 엄밀히 따져 실증하려 한다면, 아무도 휴대전화와 AI를 사용할 수 없게 될 겁니다.

그렇다고 해서 '잘 아는 사람에게 묻는 것이 최고'라거나 '인문과학이 자연과학보다 중요하다'는 말을 하고 싶은 것은 아닙니다. 질문과 대답 형식에 내재된 권력 관계가 만들어내는 지식 왜곡의 메커니즘 같은 문제는 있지만, 그것은 JUMP를 해서 이 세계 외부로 날아간 후에 처리해야 할 과제입니다.

여기에서 다루고자 하는 문제는, 휴먼 스케일의 인간적 사상에 있어서 미시적인 소립자 세계나 거시적인 우주론 세계에서 그만큼 유효성이 실증된 엄밀한 과학적 방법들이 왜 효과적으로 발휘되지 못하는지, 그리고 원시적으로 '잘 아는 사람에게 묻기'라는 방법이 그보다 훨씬 더 간단하면서도 높은 정확성으로 과제를 수행할 수 있는지를 생각하는 것입니다.

그런 식으로 진화했기 때문에 그 결과 현재 살아남은 것이라는 생존 편향적 설명도 가능합니다. 하지만 저는 다른 설명이 더 생산적이라고 생각합니다.

양자물리학자 브라이언 그린은 "물리학자가 데이터를 해석해서 얻은 결과를 발표할 때는 확립된 수학적 절차를 사용해서 신뢰도를 정량화한다. 일반적으로 '발견'이라는 말은 정량화하여 신뢰도를 확보한 결과가 역치를 넘었을 때만 사용되며, 데이터에 포함된 통계적 변동으로 인해 잘못 도출될 확률이 350만분의 1 이하여야 한다"라고 말했습니다.[3]

물리학의 데이터를 바탕으로 한 이론에서 통계적 변동에 따른

350만분의 1이라는 오차는 지극히 작아 보일 수 있습니다. 그러나 이것은 물리학 이론에서 350만분의 1 이하의 확률로 오류가 발생하는 것이 통계적 변동이 존재하는 곳에는 있을 수 있다는 뜻입니다.

우주에는 중력의 특이점인 블랙홀처럼 '특이점(우주를 이해하는 데 쓰는 수식이 오작동하는 장소)'이 존재합니다. 우주는 기본적으로 균일하며, 어느 방향을 관측해도 같은 에너지(파장 1밀리미터 절대온도 약 2.7도)의 빛이 관측됩니다. 그러나 우주의 물질 밀도에 대해 10만분의 1이라는 아주 작은 온도 '변동'이 발견되었습니다. 이 '변동'은 우주 탄생 직후 발생한 '양자적 변동'이 우주 팽창에 의해 확장된 결과인데, 현재 우주가 균일하지 않고 방대한 수의 다양한 은하들이 대규모 구조를 이루고 있다는 점에서 중요한 원인으로 작용합니다.

또한 현대 우주론에 따르면, 지금의 우주가 탄생한 직후에 대량의 물질과 반물질이 만들어졌고, 물질과 반물질은 서로 부딪히며 쌍소멸하여 사라졌습니다. 그러나 양자적 '변동'이 일어나면서 물질이 반물질보다 약 10억분의 1 정도 더 많아졌습니다. 그래서 쌍소멸한 후에도 이 10억분의 1 정도의 물질이 남게 되었고, 이 물질이 모여 별이나 은하가 형성되었다고 합니다.

또한 '장의 양자론'에 따르면, 물질과 반물질이 쌍소멸한 진공에는 온도가 없어서 오감이나 관측기구로도 직접 관측할 수는 없는 정체불명의 '무한대' 에너지가 존재하게 됩니다.[4]

이 사실들을 통해 무엇을 이야기할 수 있을까요? 우리가 허공이라 생각했던 공간(진공)은 실제로 오감으로는 관측할 수 없는 무한한 에너지로 가득 차 있습니다. 우리가 아는 이 우주에 존재하는 것(물질)은 이 (우주 초기에 쌍소멸한 것처럼 보이는 물질과 반물질의) 무한한 에너지로 가득 찬 진공에 극히 적게 남은 물질이 양자적 변동에 의해 팽창한 결과에 불과합니다. 그리고 이 변동 덕분에 우주는 균일하고 구조가 없는 카오스 상태에서, 다양한 물질이 퍼져 있는 구성을 갖게 되었으며, 물리학 법칙이 성립하지 않는 특이점이 생겨났습니다. 개인적인 생각이지만, 휴먼 스케일에서 우리가 만들어내는 인간적 사상의 영역 또한 이 우주의 양자적 변동에서 비롯된 특이점 중 하나일 수 있습니다.

앞서 설명한 대로, 지극히 작은 입력 차이가 시스템 전체에 큰 영향을 미치는 나비효과처럼, 단 한 사람이 우연히 내린 결단이나 행동이 국제정치 시스템에 영향을 미쳐 전 세계를 움직이고 수억 명의 생사를 갈라 인생을 뒤바꾸는 경우도 있을 수 있습니다. 그러나 이를 큰 영향이라고 판단하는 것은 어디까지나 휴먼 스케일에서 본 인간의 시점입니다. 거시적인 우주론 스케일이나 미시적인 양자론 스케일에서는 무한소로 간주되어 무시해도 될 정도로 극미한 변화일 뿐입니다.

그러나 물리학이 우주론이라는 거시적 시스템과 양자역학이라는 미시적 시스템을 바탕으로 매우 정확하고 엄밀하게 검증할 수 있는 예측 모델을 구축하는 것처럼, 인간적 사상이라는 휴먼 스케일의 영역을 우주의 거시적 레벨과 소립자의 미시적 레벨 사이에 있는 다른 시스템으로 다뤄보는 건 어떨까요? 그렇게 된다면, 물리학이 거시적이나 미시적 레벨에서 성공을 거둘 만큼 정확한 검증에도 견디는 법칙 모델을 제시하지 못하는 것에 대해 일상언어로 질문하고 대화를 하는 것입니다. 그런 원시적 커뮤니케이션을 통해 시간과 에너지와 정보 처리에서 아주 적은 리소스만 투입하여 휴먼 스케일의 생존 전략으로서 인류가 자손을 남기고 살아남는 데 충분하고 정확하며 합리적인 판단을 내릴 수 있다는 사실을 인정할 수 있습니다. 그리고 거기에 서양 근대과학의 세계관과는 완전히 다른 세계관이 열릴 가능성이 생기는 것입니다.

서양 근대과학의 세계관을 거부하거나 부정하자는 뜻은 아닙니다. 현대에도 고전역학이 휴먼 스케일의 역학 시스템에서는 유사적으로 실제 사용을 하기에 곤란하지 않을 만큼 충분히 정확하게 쓸 수 있는 것처럼, 350만분의 1 이하에서는 오차가 발생할 수 있다 해도 우주의 스케일이나 소립자의 스케일에서는 상대성이론과 양자역학을 사용하는 것이 합리적입니다. 하지만 휴먼 스케일에서 인간적 사상의 시스템이 그야말로 이 극소한 오차가 생기는 특이점이라면, 그것을 다루기에 적합한 다른 지식 형태가 있어도 좋다는 뜻이 됩니다. 그리고 그 형태는 바로 독자 여러분이 일상생활 속에서 그 유효성을 매일 검증하고 있는 언어 커뮤니케이션입니다. 그런 대화 속에서 특히 (부모, 교사, 선배 등) 자신보다 잘 아는(그렇다고 믿는) 사람의 이야기를 듣고, 때로는 답을 찾아 물어보는 것입니다.

그뿐만이 아닙니다. 스케일의 차이에 따라 적합한 지식의 형식이 다르다는 것을 인정하면, 현대과학의 가설에도 새로운 시점이 생기게 됩니다. 현대의 상대성이론과 양자역학을 바탕으로 하는 우주론과 소립자론의 세계에서는 정확도 오차 $\frac{1}{10^{15}}$까지 측정이 가능해졌다고 합니다.

하지만 사실 현대 우주론에서는, 질량은 있지만 광학적으로 직접 관측할 수 없으며 일반 물질과 상호작용을 거의 하지 않은 채 널리 존재하는 정체불명의 '암흑물질', 우주 전체에 퍼져 음의 압력을 가지고 중력의 반발 효과를 일으키는 가상의 에너지인 '암흑 에너지'가 있다고 가정합니다. 현재 우주 전체 에너지 중에서 암흑 에너지가 차지하는 비율은 68.3%, 암흑물질은 26.8%이고,

일반 물질은 4.9%밖에 되지 않는다고 합니다. 즉, 현대물리학이 현실에서 높은 정확도로 검증되고 통용되는 이유는, 현대물리학이 가정하는 우주의 약 95%를 제외했기 때문입니다.

그러므로 앞에서 설명했던, 열은 없지만 무한한 에너지를 감춘 진공의 존재를 같이 고려해보면, 현대물리학이 유사적으로 유효한 이유는 우리가 관측할 수 있는 우주의 거시적 스케일과 소립자의 미시적 스케일뿐이라는 사실입니다. 그보다 큰 우주를 넘어선 스케일과 소립자보다 더 작은 스케일에서는 현대과학의 방법론이 반드시 유효하게 적용되지 않는 유일한 미지의 세계가 펼쳐져 있다는 '사실', 아니 그 가능성이 명확해집니다.

그렇다면 인간은 소립자로 이루어져 있으며, 인간의 의식이나 행동은 모두 뇌를 중핵으로 하는 광원뿔 내부 소립자들의 움직임이 합쳐졌다는 요소 환원론적 인간 이해도 다시 생각해볼 필요가 있습니다. 즉, 인간은 우리가 추정하는 '일반 물질'보다 훨씬 더 큰 진공, 암흑물질, 암흑 에너지에서 정체불명의 작용을 받고 있으며, 현시점에서 그들에게는 현대물리학의 방법이 통하지 않는다는 것이지요.

사실 현대과학자 중에는 AI뿐만 아니라 어떠한 시스템이든 그 복잡성에 따라 전자나 양자에서 서모스탯에 이르기까지 원초적인 의식이 깃들어 있다고 보는 입장이 있습니다.[5] 그렇다면 '일반

'물질'의 우주 '외부'에서 인간에게 주는 작용 중에는, 현대과학이 감지할 수 없는 의식 있는 존재로부터 언어적·비언어적 메시지가 포함될 가능성을 부정할 수는 없습니다.

이 책의 마지막 JUMP의 목적은, 우주에는 외부가 있고, '나'란 인간은 그 외부와의 접면이라는 사실을 아는 것이라고 말했습니다. 그리고 '우주의 외부'로 자신을 두드러지게 하는 열쇠는 우선 '자유로운 자신'은 존재하지 않는다는 것을 깨닫는 것이었습니다. 그 열쇠를 가지고 우주 외부로 가는 문을 열려면 자신의 삶의 의미를 찾고, 객관적으로 실재하는 선과 정의를 추구하기 위해 '우주 외부'로 진지한 물음을 던지며, '우주 외부'에서 오는 메시지를 전하는 등 가느다란 목소리에 귀를 기울이는 자세가 필요합니다. 그리고 이 책이 여러분에게 그 메시지를 전하는 작은 인연이 되길 바랍니다.

주

1. 이케다 노부오, 〈전쟁 후 최악이 된 '초과 사망자 수'의 원인은 백신 접종인가? 유력한 용의자이지만 유죄로 단정할 수 없다〉, 《JBpress》 2023년 3월 3일자 참조.

2. Aylin Woodward, 〈6,600만 년 전, 공룡을 멸종시킨 소행성 충돌 직후에 일어난 일을 알아냈다〉, 《BUSINESS INSIDER》 2019년 10월 1일자 참조.

3. 브라이언 그린, 『엔드 오브 타임 - 물질, 생명, 마음과 진화하는 우주』(고단샤, 2023년) 341쪽 참조.

4. 2012년에 남부 요이치로가 진공에 거대한 에너지를 주입하여 진공에서 힉스 입자를 쫓아내는 데 성공하면서 진공이 '아무것도 없는 상태[無]'가 아니라는 것을 증명했습니다. 야마다 가쓰야, 〈아무것도 없는 줄 알았던 '진공'에서 '질량이 생겨났다'니 이게 웬일?〉, 《현대 비즈니스》 2013년 10월 18일자 참조.

5. 모기 겐이치로, 『감각질과 인공 의식』(고단샤, 2020년) 42쪽 참조. 류츠신의 SF 소설 『삼체』(하야카와쇼보)에 등장하는 11차원의 양자를 2차원으로 전개해서 만든 지성을 가진 슈퍼컴퓨터 '지자(소폰)'는 지구상에서 여성 안드로이드의 모습으로 인류와 의사소통하는 설정인데, 정말 재미있으니 추천합니다.

어차피 죽는다 어떻게 살 것인가
_1일 1강 마음이 가벼워지는 사고법

1판 1쇄 찍음	2025년 9월 5일
1판 1쇄 펴냄	2025년 9월 12일

지은이	나카타 고
옮긴이	김소영
펴낸이	조윤규
편집	민기범
디자인	홍민지

펴낸곳	(주)프롬북스
등록	제313-2007-000021호
주소	(07788) 서울특별시 강서구 마곡서로 152, 두산더랜드타워 상가 A동 320호
전화	영업부 / 기획편집부 02-3661-7283	팩스 02-6455-7286
이메일	frombooks7@naver.com

ISBN   979-11-94550-09-9 (03190)

- 잘못 만들어진 책은 구입하신 서점에서 바꿔드립니다.
- 이 책에 실린 모든 내용은 저작권법에 따라 보호를 받는 저작물이므로 무단 전재와 무단 복제를 금합니다. 이 책 내용의 전부 또는 일부를 사용하려면 반드시 출판사의 동의를 받아야 합니다.
- 원고 투고를 기다립니다. 집필하신 원고를 책으로 만들고 싶은 분은 frombooks7@naver.com로 원고 일부 또는 전체, 간략한 설명, 연락처 등을 보내주십시오.